質的言語教育研究を考えよう

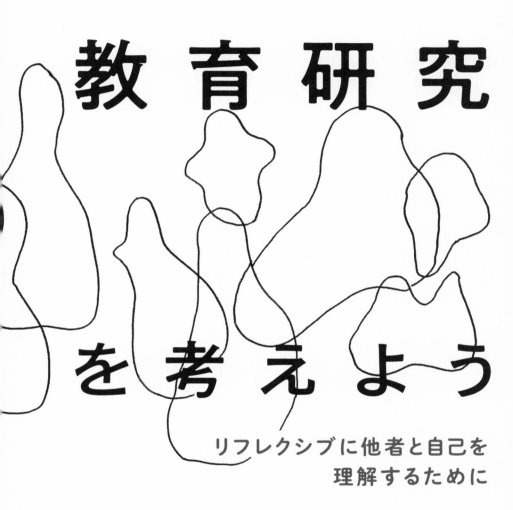

を考えよう

リフレクシブに他者と自己を理解するために

編 ——— 八木真奈美 中山亜紀子 中井好男

ひつじ書房

はじめに

　本著の構想の始まりは、2015年、神戸で開かれたJALT（全国語学教育学会）のSIGでした。ナラティブをテーマにしたその大会で、本著の編者の3人が、偶然にも顔を合わせ、大会会場の休憩所で話す中で、この本の構想が生まれました。当時は、現在のような質的研究の広がりは想像していませんでしたが、質的研究が「単なる個々の調査の方法」ではないということを、どこかで発信する必要があるのではないかと考えていました。そこから、6年の歳月が流れ、この間、質的研究に関する多くの入門書や専門書が出版されました。また、質的研究法を用いた研究が日本語教育の分野でも見られるようになり、調査の方法以外にも、理論的背景や研究者自身と研究との関わりなど、さまざまな論点が出始めているように思います。

　そこで本著では、質的研究が広がってきた今だからこそ、私たちが生業<ruby>生業<rt>なりわい</rt></ruby>としている言語教育の分野における質的研究とはどのようなものなのか、どうして、質的研究が必要なのかについて、改めて考えてみたいと思います。

「記号」から「人」へ

　さて、下記の図1（八木2018）に示すのは、なぜ、言語教育の分野で質的研究が求められるようになったかを簡略化して、図にしてみたものです。その経緯や背景については、本論の第1部で詳しく述べていきますが、言語教育の分野で質的研究のアプローチが求められるようになったのには、研究の対象が「記号」から「人」へ移り変わってきたことがあると考えます。

図1 |「記号」から「人」へ

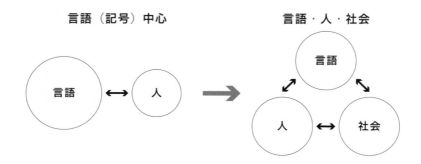

　言語教育の分野で扱うのは、その名の通り「言語」です。言語に関わる学
問である言語学は、言語構造に関わる本質的な原理・規則を構築することを
目的とする理論言語学と、言語に関連する人間行動の諸科学研究をまとめた
応用言語学とに分かれます（小池編 2003）。前者の言語の構造に関わる原理や
規則を探究する研究では、図1の左側を見るとわかるように、研究対象とし
ても、教育実践としても、言語そのものが中心となります。ここでの言語は、
「記号」であり、規則的で変換可能なものです。その場合、人はその記号の単
なる使い手でしかなく、固定的、同質的な存在として捉えられます。人を小
さく示しているのはそのためです。
　一方、質的研究が対象とするのは、図1の右側です。近年の言語教育を取
り巻く大きな変化（青木 2016）により、「言語」、「人」、「社会」が複雑に絡み
合った多元的な世界が見られるようになりました。このような世界では、原
理や規則は当てはまらないことも多いため、多様な事象を見るための別の方
法が必要になってきます。言い方を変えれば、「記号」の世界に、「意味を持
つ人間」が登場したことが、言語教育の分野で質的なアプローチが広がった
大きな理由と言えるでしょう。
　青木直子氏はそのホームページで以下のように述べています。

　　第二言語教育の研究は言葉を学ぶ「人」を研究しなくてはいけないと思
　　います。そのためには、（中略）人間を対象とした研究に適した方法論を身

につけること。研究というと普遍的規則を客観的に発見することだと信じている方も多いだろうと思いますが、そうした実証主義的方法は、本来、自然科学のために考えられたものです。人は物ではないので、同じ方法で扱うことはできません。

ここでいう「実証主義的方法」は19世紀、フランスの哲学者、オーギュスト・コントによって提唱されました (Pring 2015)。青木の言うように、本来は自然科学のための方法でしたが、「科学的知」を優位とする考え方とともに、次第に、自然科学のみでなく、社会や人を研究する学問へも広がりました。例えば、行動心理学や認知心理学のアプローチによって、言語学習や習得に関わる事象を捉えようとしたことがその例です。このアプローチでは、学習者は文法や単語を覚える空の容器、あるいはインプットをアウトプットに変える装置とされ、統計的に計測可能な存在のため、可能性として、誰にでも当てはまる普遍的で、客観的な言語学習の方法や教授法があるということになります。が、実際には、言語を学習したことがある人や教えたことがある人なら、そのようなことは幻想だとわかるでしょう。

「普遍的規則を客観的に発見する」（青木 前掲）のは、いわゆる量的な研究の方法です。丸山 (1985) は、その著『人間科学の方法論争』の中で、19世紀から20世紀初頭にかけては、「方法論争の時代」だったと述べています。そして、それは「説明と理解の論争」であり、当時は「自然科学」と「歴史学」の方法上の違いでしたが、それが最も原理的な区別と考えられるようになったと説明しています。丸山は哲学的視点からこの論争を紐解いていますが、ご存知のように「説明」は実証主義的なアプローチであり、「理解」は構築主義的なアプローチです。そして、前者が量的研究の認識論上の基礎付けとされ、図1の左側のような「記号」の世界では有効なアプローチだと考えられます。後者は質的研究を支える理論の1つとされ、図1の右側のような複雑で多様な世界を見るための方法として有効だと言えます[i]。

「人間理解」のための方法とその考え方

　本著では、質的研究の本質は、人間を理解するための方法とその考え方だと捉えています。そして、それを伝えるのが、本著の目的の1つです。青木の言う「人は物ではない」ということは、つまり、「人」を「人」としてみていくということです。人としての意味は、生身の人間が言語を学習すること、言語を使うこととは、どういうことかを理解し、明らかにしていくことです。人として生きるということは、周りのごちゃごちゃしたものと関わること、すなわち、関係性の中に生きるということです。人が言語を使って話したり、書いたりすることは、社会的文脈の中におかれてはじめて、意味をもちます。それを示したのが、図1の右側の「社会」です。例をあげれば、ある人が学習している言語を使おうとします。ですが、その人は1つの言葉を言うか、言わないか、迷っていて、とうとう言うことができなかったとします。人を装置だとみれば、その言葉がインプットされていなかった、あるいは知ってはいたが、アウトプットできなかった。だからもっと勉強しましょう、という結論になるのかもしれません。しかし、人を人としてみれば、例えば、その人にはその言葉にまつわる嫌な思い出があったかもしれない、あるいは、その言葉はそのコミュニティでは失礼にあたる言葉だと感じていたから、あえて言わなかったのかもしれないなど、さまざまな「その人なりの意味」がそこに存在するはずです。そう考えると、「ある人が1つの言葉を言わなかった」という事象は、その人が歩んできた歴史や経験、相手との関係性・政治性など、その周りの社会的文脈ごと記述しなければ、理解できないことになります。さらに言えば、それらをすべて排除して論じることは、「その人なりの意味」や「人として生きること」を無視することになります。私たち教師や実践者は、知らず知らずのうちに、「記号」の正しさやテキストの正解を学習者に押し付けていることがあります。それは、言語の学習や教育にとって、非常に危険とも言えることです。私たちが質的研究を行う意義は、教師や実践者の価値観やビリーフ、実践や研究に対する姿勢を一度粉々に砕き、その上で自らの実践に転換をもたらすことにある、と言えるかもしれません。

リフレクシビティ

　最後に、本著の目的のもう1つは、副題ともなっているリフレクシビティという概念を提供することです。質的研究は、先にも述べたように、人間を理解するための方法とその考え方です。一方で、質的研究は、研究という舞台に「人」を登場させたことにより、同時に「他者」も登場させました。そして、それを見ている自分も舞台の袖に隠れてはいられなくなったのです。「他者」や「自己」を登場させたことにより、必然的に、研究者の「他者」に対する倫理的姿勢や態度、また、研究者自身の迷いやジレンマなどの問題を避けて通れなくなりました。残念ながら、この「他者」や「自己」への向き合い方、表し方には、正解がないというのが質的研究の難点かもしれません。しかし、それを議論の場にあげることが質的研究の質を高めるためには必須のことであり、私たちがあえてリフレクシビティという1章を設けたのはそのためです。

　では、本著の内容を簡単にご説明しましょう。

　第1部第1章では、図1で示したように、言語教育の分野で質的研究が必要になった背景について、その詳細を示します。まず、図1の右側で示したような、「言語」、「人」、「社会」の関係をコミュニケーションという観点から述べていきます。そして、次にそのコミュニケーション観に基づいた「人」や「社会」を包括した学習観、学習者観、教育観の転換について述べていきます。さらに、言語を「記号」として捉えている限り発見することができない、「言語」に関わる政治性について指摘します。これは、まさに、「人」と「社会」を見ていく質的研究でなければ明らかにできない、質的研究の重要な意義の1つです。

　第1部第2章では、「質的研究」そのものに迫っていきます。先に、質的研究の本質は、人間を理解するための方法とその考え方だと述べましたが、それでは、人間を理解するために、具体的にどのような方法と考え方をとるのか、ということについて述べていきます。まず、改めて「研究」というものが、「何を」、「どのように」、「明らかにする」のかについて、パラダイム（認

識様式）の観点から述べます。次に、「人」を理解するには、人間のみがもつ「意味の世界」を見る必要があること、そして、そこには「意味の連関」が理解することにつながっていることを、例をあげて示します。最後に、研究は、どのようなパラダイム（認識様式）に立つかによって異なってくるため、1人1人の研究を創っていく際に参考になる、研究のゴール（Maxwell 2005）という考え方を紹介します。

　第1部第3章では、先にも述べたように、リフレクシビティについて提案していきます。まず、はじめに、リフレクシビティという用語について、質的研究の観点から、その概念と必要性を紹介します。そして、質的研究のみならず、私たちが日々行っている言語教育の実践で、このリフレクシビティの概念が展開されていくことが、教師や学習者にとって有益であり、教師や学習者の成長をもたらすことにつながるということについて、述べていきます。

　第2部では、ナラティブ・インクワイアリ、エスノグラフィー、ライフストーリー、M-GTA（修正版グラウンデッド・セオリー・アプローチ）、ケーススタディーの各方法論を紹介します。今や、言語教育の分野では、方法についての知識があり、その方法の歴史や背景をよくご存知の方も多くいることでしょう。しかし、具体的な方法というのは、やってみないとわからないというところもあります。

　そこで、第2部の各論では、実際にその方法で研究を行ってみたという執筆者が、各方法について紹介します。しかし、ここでお断りしておかなければならないことは、各論をお読みになっても、それと同じように、ご自身の研究を行うことはできないということです。質的研究は、似たような研究はあっても、同じ研究は、おそらく1つとしてありません。なぜなら、対象となる人やそのフィールドの状況が1つ1つ異なっているからです。しかし、そうだからこそ、「私はこうやってみた」という例は大変参考になるはずです。各執筆者は、それぞれの方法の概略や特徴を示し、執筆者自身の研究の経験をもとに、各方法について紹介しています。

第2部の第4章では、李暁博がナラティブ・インクワイアリをめぐって、研究内容としてのナラティブ・インクワイアリ、思考方法としてのナラティブ・インクワイアリ、そして研究手法としてのナラティブ・インクワイアリという3つの方面から、自分自身の研究経験と結びつけて論じ、また、ナラティブ・インクワイアリをする際の具体的な手順についても明示しています。

　第5章では、八木真奈美がエスノグラフィーについて、この研究方法が生まれた背景、何を明らかにする研究方法か、研究することによって何を目指すのか、の3点からエスノグラフィーの特徴を紹介します。また、八木が行ったエスノグラフィーの研究を例に、研究のプロセスと解釈について論じています。

　第6章では、中山亜紀子がインタビューを中心に研究が進められるライフストーリーをめぐって、3つの論点（インタビューでの語りが変わること、WhatとHowのどちらに注目するのか、分析の際の研究者の位置）を取り上げ、自分のライフストーリー研究のプロセスを振り返っています。

　第7章では、中井好男がM-GTAを用いた言語学習に関する研究を紹介します。M-GTAの特徴やM-GTAを用いた研究のデザインに加え、日本語学習者の学習動機形成プロセスの分析例を挙げながら、データの解釈と理論の構築過程について解説します。さらには、社会問題の解決を目指すM-GTAを言語教育に用いる利点とM-GTAが生み出す理論が言語教育研究にどのような意味があるのかについても考察を加えています。

　第8章では、脇坂真彩子が第二言語教育分野で行われるケーススタディーについて紹介します。脇坂は異なる母語を話す2人がパートナーとなり、互恵性と学習者オートノミーを原則として互いの言語や文化を学び合う「タンデム学習」を長年実践しており、対面式タンデム学習を行った英語学習者と日本語学習者のペアと、Eタンデムを行ったドイツ語学習者と日本語学習者のペアをケースとした2つのケーススタディーを例に、質的なケーススタディーの特徴を説明しています。

　また、各論では紹介し切れなかった、しかし非常に重要な研究のヒントをコラムで紹介します。各コラムは、各執筆者が研究中に困ったことや、感じたことなど、具体的な例に基づいて自分の経験を述べています。どのコラム

も、ここが聞きたかった！というかゆいところに手が届くコラムとなっています。コラムは、あいうえお順に、以下の5名が執筆しました。

「外国語の質的データの翻訳」（欧麗賢）
「参与観察をしたりフィールドノーツを書いたりしたときの悩みや気をつけたこと」（大河内瞳）
「質的研究、私の経験」（Lokugamage Samanthika）
「「学習者の声を聞く」こと」（嶋本圭子）
「調査協力者を仮名にするか、実名にするか」（瀬尾悠希子）

　質的研究は底なし沼だと感じることがあります。奥が深く、理解したと思っても、また新たな、異なる考え方に出会います。辿れないほど、長い哲学や理論の歴史の産物であり、また同時に、今の、めまぐるしく変化する時代を捉えることのできる考え方でもあるからです。また、ある人の小さな意味世界を見ながら、それを通して人間の壮大な宇宙を見ることもできます。そう考えると、質的研究は、人と同様に、「完全には理解することができない」ものなのでしょう。そのことが、さらに知りたい、やってみたいと思う魅力であり、私が感じる質的研究の磁場かもしれません。
　人間科学には、さまざまな分野があり、さまざまな角度から人間を見ていきます。私たちは、言語教育の分野から、これまで明らかになっていない「言語と人」に関わる知見を蓄積していくことで、グローバル社会におけるさまざまな課題の解決に貢献できるのではないかと期待しています。本著を読まれた方が質的研究の磁場を感じながら、研究や実践に臨んでいただければ幸いです。

（八木真奈美）

参 考 文 献

青木直子（2016）「21世紀の言語教育：拡大する地平、ぼやける境界、新たな可能
　　性」『ジャーナルCAJLE』17：pp.1–22. カナダ日本語教育振興会

小池生夫編（2003）『応用言語学事典』研究社

丸山高司（1985）『人間科学の方法論争』勁草書房

八木真奈美（2018）『質的研究の理論と実践』5th Cardiff Symposium on Applied Linguistics and Japanese Language Pedagogy講演資料

Maxwell, Joseph A. (2005) *Qualitative Research Design: An Interactive Approach*. Thousand Oaks, CA: Sage.

Pring, Richard. (2015) *Philosophy of Educational Research*. London, UK: Bloomsbury Academic.

青木直子「What you might expect in studying with me...」大阪大学大学院文学研究科・文学部ホームページ〈http://www.let.osaka-u.ac.jp/~naoko/home〉2018.6.17（現在は参照不可）

....

注

i——この点については、本論でも述べますが、質的研究は、哲学的背景によって、学問的系譜によって、あるいは分野によって、異なる理論的立場があり、必ずしも量的研究（実証主義）VS 質的研究（構築主義）のように1対1の対立だと言い切れるものではなく、その点は注意しておく必要があります。

第 **1** 部

質的研究を考える

第1章

質的研究への熱いまなざし

　近年、心理学や社会学のみならず、日本語教育の分野においても、質的研究が盛んになっています。日本語教育学の入門書の中で質的研究について記述されているだけではなく（本田・岩田・義永・渡部 2014）、日本語教育における質的研究入門書（舘岡2015）も出版されており、質的研究の方法論に関する議論や質的研究の方法を使った研究を目にする機会が増えてきました。質的研究というのは、次章以降で述べるように、いくつかの哲学的伝統に端を発する新しい研究手法に対する総称であり、質的研究内部にさまざまな考え方が存在していますが、現在のように質的研究に注目が集まるようになったのは、それなりの理由があるからではないかと私たちは考えています。そこで、以下では、言語教育におけるコミュニケーション観、学習観・学習者観・教育観の転換、政治性の発見という3つのポイントに絞って、言語教育の分野で質的研究が注目されるようになった背景について考えてみたいと思います。

1.1 言語教育におけるコミュニケーション観

　私たちは、誰かとコミュニケーションをとりながら日常生活を送っています。そのコミュニケーションにおいては、かつては蛇口をあけるとパイプを通った水がそのまま流れ出てくるように（導管メタファー）相手にメッセージが伝わると考えられていました。つまりコミュニケーションにおいて、話し手

が送るメッセージはあらかじめ用意されたものであり、受け手側へと流れた
メッセージは、受け手が取り出したあともその内容は変わることがない上に
(義永 2005)、誰が受け取っても同じ内容であると考えられていました。この考
え方は、言語教育にも影響を与えており、人は言語教育を通じて言語に関す
る知識さえ身につければ、自分の言いたいことが伝えられるようになると捉
えられていました。これは、数学の授業で習う円の面積の公式を例にとって
考えると、いったん円の面積を出す公式を身につけた後は、円の半径や直径
さえ分かれば、だれがやっても、どのような円でも、面積をはじき出すこと
ができるというのと同じ捉え方になります。しかし、言語についても同じこ
とが言えるでしょうか。言語が持つ構造や規則さえ知っていれば、コミュニ
ケーションを達成することができるのでしょうか。その答えはノーです。習
った文法にさまざまな語彙を当てはめることで文は作れるかもしれませんが、
それでコミュニケーションが円滑に進むかといえば、そうとは言えないでし
ょう。言葉というものは、それを発する人の意図、相手、文脈によって用い
られる言葉の構造や規則が決まります。したがって、もし、同じ語彙や表現
であったとしても、私が私の友人に使った場合と、大学の留学生が彼らの先
生に使った場合とでは、相手に伝わる意味が異なってしまうことがあります。
このように、同じ言葉でも聞き手によって、使い方や異なった理解のされ方
をすることを考えると、導管メタファーというのは、実はかなり理想化され
たコミュニケーションのモデルであり、実際の状況とは異なることがわかり
ます。

　では、私たちが考えるコミュニケーションとは、どのようなものでしょう
か。そもそも、コミュニケーションというものは、人が何らかの意図を交換
しようとしたり、何らかの目的を達成しようしたりするときに生じます。そ
してその手段の1つとしてあるのが言語で、言語は人の意思を運び、目的を
達成するための道具となるだけではなく（Ochs 2005）、コミュニケーションの
中で意味も生み出します。このような性質を持つ言語を捉えようとするとき、
その言語が用いられるコミュニケーションの文脈というものを無視すること
はできません。それは、言語に付随する要素、例えば、発音やイントネーシ
ョンといった音の要素、話者の表情やジェスチャーなどの視覚情報、コミュ

ニケーションに関わる人たちが持つ背景知識などが、言語が生み出す意味に
影響を与えるからです。また、発話は言語を投げかける相手（自分も含めて）
が実際に存在するか、もしくは、存在しなくても想定されています（バフチ
ン 1995）。そのため、その相手との社会的関係はコミュニケーションで用いる
言語形式を規定するなど、コミュニケーションのあり方に影響を及ぼします。
例えば、クラスメートに挨拶する場合、学校の入学式で初めて会ったという
状況なら、同じ年齢であっても「おはよう!」とは言いにくいものです。逆に、
「おはよう!」と言える親しい関係の人がいるとしても、先輩も一緒にいると
きなどは、「おはようございます」と言う方がいいという場合もあります。ま
た、同僚と同じ部屋で仕事をしているときに「ちょっと暑くない?」と言われ、
「うん、そうだね。」とか「そう?」とだけ答えた場合、ミスコミュニケーショ
ンになることがあります。それは話し手が、実は、窓を開けてほしいと暗に
頼んでいる、あるいは窓を開けてもいいかどうか、相手の意向を探るような
意味で発言した場合もあるからです。このように、発せられる言葉というも
のは、話し手の意図や話し相手、場といったさまざまな条件の中でその形が
決められ、意味を生み出します。つまり、コミュニケーションは「動的な意
味構築過程」（義永 2005：62）であり、「コミュニケーションの成否は、対話の
参加者それぞれの言語能力の和としてではなく、理解し合おうとする双方の
努力の関数として、捉えられるべき」（青木他 1998：80）なのです。そして、こ
ういった人間関係から生じる語彙選択の問題や語用論的な問題が起こるのは、
コミュニケーションが非常に文脈依存的であるということの表れであると言
えます。

　では、コミュニケーションは、すべて相手との関係などの文脈によって規
定されるものであって、話者の意思や意図は反映されないものなのでしょう
か。これについてはバフチン（1986）が次のように述べています。私たちのコ
ミュニケーションは、伝統が含まれた無数の言葉の中から選ばれ、自分らし
さを演出するイントネーションを伴った形で発せられた発話を介して行われ
ており、その発話は発せられる状況が持つ条件や目的が反映されたものになっ
ているとしています。発話は話者の経験の中から話者の言いたいことを示
す、あるいは見せたい感情や自分を作るものであり、それは対話の中でこそ

意味を持つのです。つまり、私たちの言動はすべて社会における他者との関係性に根付いているということになります（ガーゲン 2004）。したがって、コミュニケーションは単なる伝達や目的達成の手段としてあるのではなく、参与者が参与者同士の関係性の中で自身を構築しながら、ともに意味を作り上げていくプロセスであると見ることができます。

　このような考えのもと、本書では、言語教育に関わる人やもの、また、言語教育研究によって明らかにされるものは、文化や社会という文脈の中にあると考えます。この文化や社会というものは、所与のものとして存在し、私たちの言動を縛り、形作るものとして存在しているのではなく、むしろ私たちの言動が、一見私たちを縛っているかに見える社会や文化を作りあげていると考えることができます（アンダーソン・グーリシャン 2013）。例えば、教師と学習者という役割が教室の場を構成しているのではなく、教室という場の参加者による言語行為やコミュニケーションが教師や学習者という役割を規定しているということです。つまり、教室という社会は参与者のコミュニケーションによって構成されているということです。さらに、コミュニケーションを通して作られる役割はコミュニケーションへの参与者同士の社会関係を規定しますが、この社会関係は私たちそれぞれが所属するグループやコミュニティの数だけ存在します。このように考えると、私たち個人はそれぞれが社会から独立した個として存在しているのではなく、社会関係の束として存在していると見なすことができます（Stetsenko 2013）。そのため、言語教育という分野で研究しようとする研究者は、人々の対話をその人たちの関係の中に位置付けて捉える必要があると言えます。このように、言語やコミュニケーションが持つ意味に迫るためには、目に見える現象や言語そのものだけを取り出して分析するだけでは不十分であり、人や社会、コミュニケーションの捉え方を変える必要があるのです。

1.2　学習観、学習者観、教育観の転換

　上述のようなコミュニケーション観は、幅広い背景をもっているだけではなく、学習観や学習者観、教育観の転換も伴っています。もともと知識は、

貨幣のように文脈とは無関係に存在しているもので、どこで学んだとしても同じものが得られるものだと考えられていました。そのような前提に立つと、学習とは、ある個人が、他の人によって文脈から切り離された知識を授けられ、貨幣のように所有することと同義であり（銀行型教育）、一度所有した知識は、違う文脈でも同じように使えると捉えられていました。これは習得メタファーや、獲得メタファーとして説明される学習観であり、その特徴として、秋田（2000）は「貨幣的知識観」、「転移の信念」、「切り離すわかり方」の3つを挙げています。しかし、このような学習観は、近代的な社会が作り出してきたものにすぎず（ロゴフ 2006）、学習や教育をそれらとは異なった観点から見る研究が現れました。

　それによって登場したのが、参加メタファーによる学習観です。そこで言われている学習とは、「教育とは独立の営み」であり（佐伯 1993）、客観的に存在する知識や技能を所有することではなく、端的に言ってしまえば、共同体への参加によって達成されるものだと考えられるようになりました。その代表の1つであるレイヴとウェンガーの「正統的周辺参加論」では、学習とは「実践コミュニティへの参加を深めることで、周辺的参加者としての新参者から1人前の熟練者へとポジションを変化させることであり、「何を学ぶのかというよりも、「何になりたいのか」というアイデンティティ問題として」（亀井 2012：73）捉えられています。

　また、私たちがこれまで学んできた経験を振り返ると、いったん自分なりに咀嚼してから理解する、何か身近なものに置き換えて理解する、身近な人に説明をしてもらって理解するということがあったと思います。学ぶということは、これまでの経験や知識、周囲の人々を活用しながら、学習者がそれぞれ独自の方法で理解を構築するプロセスであると言えます。さらに、学習者の能力の差異や体調、学習者がおかれている環境など、さまざまな要因によってその結果が異なってくるということも容易に想像できるでしょう。これと同様に、言語教育研究の中でも、従来の言語習得／教育研究が、認知的、心理学的な研究に偏っており、文脈を考慮していないことに対して異議が唱えられ（Firth and Wagner 1997）、イーミックな視点（当事者からみた視点）が必要だとされるようになりました。

以上のような学習観の転換は、学習者観の転換も伴っていました。言語教育研究の学習者を意味する比喩は、大きく3つあったとRiley（2003）はまとめています。1つ目は、スキナーらの行動心理学において用いられたもので、学習者は自然の生命体であるというものです。行動主義の心理学では、学習は模倣とドリルによって形成される習慣だと考えられ、学習者は、実験で用いられるネズミやウサギと同じものとして扱われました（Littlewood 2004）。2つ目は、学習者を情報処理機として捉えるものです。認知心理学を背景に行われた研究では、学習者1人1人の違いに注目するのではなく、すべての学習者に共通する「処理」（そういう意味では、学習者ではなく学習そのもの）が研究対象とされていました。3つ目は、学習者をアイデンティティと自己を伴った個人（すなわち、人間）として捉えようとするもので、このような学習者観の背景には、構築主義があると考えられています。言語教育研究において質的研究が必要とされるようになったのは、この3つ目の流れがあったからだと言えるでしょう。

　学習観や学習者観が変われば、当然、教育観も変わっていきます。先にも述べたように、従来は教師が提示したものを、どれだけ上手に取り入れてもらえるか、それが教育の成果を左右すると考えられていました（城間 2011）。しかし、学習には、学習者のアイデンティティ（Norton 2013、中山 2016）、社会的主体性（Agency）（八木 2018）、学習者が言語を使いたいと思っている共同体のあり方（郭 2016）、学習者の将来の理想L2自己（ドルニェイ 2009）などが関わっています。教師は、教壇に立って、一方的に教える人ではなく、時には言語学習アドバイザー（青木 2010）のようになったり、ファシリテーターになったり、また、プロデューサー（佐藤・熊谷 2011）のようになる必要も出てきます。

　かつて教育は静的なもので、条件さえ整えれば測定が可能であると見なされていましたが（メリアム 2004）、教育のその捉え方には限界があるということが分かると思います。日々教室で行われる活動は、教師と一群の生徒の間で一定のルールに則って機械的に行われるものではなく、教室内のものの配置や学習者同士の関わり方、教師の言葉が及ぼす学習と学習者への影響など、これらを全て含んだ動的なものとして捉えなければなりません。（メリアム 2004、菊岡 2004）。したがって、言語知識さえ書き写し、取り入れれば話せるようにな

ると考えている教師は多くないかもしれませんが、教育を進める上では、どのように教室や学習活動をデザインしていくのかが重要であり、それらの思考の背景にある教師の教育観や学習観というものを改めて問い直すことも求められると言えるのではないでしょうか（細川 2014）。

1.3 政治性の発見

　さらに、学習及びコミュニケーションとは、誰がどこで、誰とどのように学習するのかによって大きく変わってくる政治的なものだという認識が共有されるようになりました。ここでいう政治とは、主義主張、政党政治という言葉からイメージされる政治ではなく、学習者や学習に関わる他者との関係性のことで、そこには当然、社会や家族の中での位置、ジェンダー、年齢、教育、個人史、言説など、ミクロなものからマクロなものまでの力関係、そしてそれを変えようとする意志、あるいは変えていく力が含まれています。教室での学習であろうと、自然習得であろうと、第二言語学習や第二言語習得は、学習者がおかれた文脈の中の社会的、文化的、政治的な関係から無関係ではありえません（Norton 2013）。Norton（2013）では、5人の移民女性たちのカナダ社会における言語習得を、エスノグラフィックなケーススタディとして紹介しましたが、そこには彼女たちを移民として排除しようという力とそれに抗って言語学習を続け、彼女らの「欲望」に到達しようとする女性たちの苦闘（もがき）が描かれています。Norton（2013）は、学習者のアイデンティティとは、その人の所属やジェンダーなどに還元論的に用いられるのではなく、アイデンティティそのものが、対話者との間で構築されるものであること、さらに、言語学習者の学習動機として考えられてきたものを「投資」と読み替え、そもそもなぜ言語を学ぼうとし、そこに時間的、精神的なエネルギーを注ぐのか明らかにする必要があるとしました。日本でも、学習者が言いたいことや、その言葉に込めた感情を無視して、日本で使われる慣習的な正しさが押し付けられていること（八木 2006）、他の学習者たちとの関係性において学習者のメンツが持つ意味（中井 2018）、日本語っぽく話そうとすることが、すなわち「女」としての立場から話すことを強制していると思われ、

学習を放棄した英語話者の女性学習者（Seigal 1996）、自分の夢の共有ができないから日本語に投資できない韓国人学生（中山 2016）、外国人住民としてボランティアに参加することで家父長的な家庭生活から抜け出した日本人の配偶者（久野 2020）、高校卒業後、日本文化はおろか家事もしたことのないまま日本に飛び込み、教会に居場所を見つけた日本語学校の中国人学生（範 2007）など、母語話者規範、ジェンダー、容姿、年齢、さまざまな能力、その人の過去・現在・未来、日本社会がどのような外国人を好むかといった社会的な力の構造が、言語教育実践の場や言語使用の場を構造づけていることが明らかになってきました。

　言語学習は、力関係のない理想空間で行われるものではなく、そこでの政治性が学習者を言語学習から遠ざけることもあるということが発見され、多くの研究者が力関係を考慮に入れた研究をせざるを得なくなりました。そして、これらの研究から、教室実践や言語学習は、教室や学習者個人を取り巻く力の不均衡に加え、教師や学習者個々人の人生と深くつながっているという、忘れてはならない点が強調されるようになりました。つまり、その人にとっての「意味」が注目されるようになったのです。

　以上、3つの大きな転換をあげましたが、言語教育研究の中では、これらの転換を背景とした多くの質的研究が行われてきました。また、インターネットの普及、格安航空券の登場、英語の圧倒的な覇権など、近年の言語教育を取り巻く環境に大きな変化（The Douglas Fir Group 2016、青木 2016）が起こっていますが、この変化の波を受けて変わり続けていく言語学習の姿、言語教育の姿を明らかにするためにも、質的研究は重要だと考えられます。言語教育学は、言語に関わる社会的な問題を明らかにしていく学問だと言われており、従来から、さまざまな学問分野と手を組んで言語教育や言語学習に関わる問題を明らかにしてきました（The Douglas Fir Group 2016）。その中で発見された種々の問題（上述のコミュニケーション観や学習観、学習者観、教育観、政治性の問題など）に着目しながら、言語教育や言語学習の在り方とその課題について探求することを可能にする研究手法が、質的研究なのではないでしょうか。

（中井好男・中山亜紀子）

第2章

質的研究における「意味」

　日本における質的研究は、2000年以降、広く知られるようになりました（やまだ・サトウ・能智・麻生・矢守2013）。欧米の教科書の翻訳、「質的」を冠した研究会や学会の発足、そして各種質的研究に関連する書籍が、心理学、社会学、教育学、看護学、社会福祉学などの分野で出てきました。日本語教育でも同様に、質的研究への関心が大きくなってきたのは、2000年以降でしょう。質的研究というと、一枚岩の研究のように思われるかもしれませんが、実は、その内部にさまざまな考え方を内包しています。その理由として、それぞれの質的研究法が異なる哲学的・理論的背景を持っていること、また、各学問分野がそれまでの研究方法への反省や時代の変化への対応から、それぞれ独自の質的研究を発展させたこと、また同時に、学問分野を超えて学際的に影響を受け合いながら発展してきたことなどがあげられるでしょう。したがって、一口に「質的研究をしたい」と言っても、「何をどのように理解しようとしているのか」、「どのような理論に立った質的研究か」、「研究者の主観性をどう考えるのか」など、多くの論点があり、その研究者が何を明らかにしたいのかによって、それぞれの論点を自分で考えていく必要があります。

　そこで、本章では、どのような研究を目指すのかを考えるために、質的研究をめぐる「パラダイム」（認識様式）について、また、多くの質的研究が目指している意味の理解について考えていきたいと思います。

2.1 研究のパラダイム

「研究」はまだ明らかになっていないことを探究する行為です。「明らかになっていない」ことを、どのように明らかにするのかは、研究の根本的な問題であり、方法はさまざまあります。例えば、自然科学の分野では、実験を行って、その結果を「証明」あるいは「説明」します。つまり、研究する人が誰であっても同じ結果になるように、「客観的」なデータを集め、研究者の主観をできるだけ排除して分析、その結果を数値化し、そこから一般化するという研究です。このような研究は一般的に量的研究と呼ばれるものであり、フリック（2011）は、その特徴として、「原因と結果を明確に分離すること」、「理論的な概念間の関係を明確に操作化すること」、「現象を計測し、定量化すること」、「結果の一般化が可能な研究のデザインにすること」、「普遍妥当的な法則を定式化すること」という5つをあげています (p.15)。現在のように質的研究が市民権を得る前には、そのような原則に基づいた自然科学の実験に代表される研究が、優れた「科学」だと考えられていました。

一方、質的研究に関して、私たちが、よく聞かれる質問には、「こういう手法は、客観的じゃないですよね。それでもいいのですか。」、「一般化しないのですか。」、「どうして自分が感じたことをフィールドノーツ[i]に書くのですか。研究者の主観ですよね。」などがあります。このような質問が出てくるのは、先に述べたような研究の方法が、研究を行う際の唯一の方法だと考えているからです。これまでは、言語教育においても「言語」という記号、あるいは日本語という言語の文法構造などを法則化することが研究する目的でした。教師の頭の中にある法則を学習者の頭の中に上手に移し替えれば学習者は日本語の有能な使い手になるはずでした（第1章参照）。したがって、この方法では、教師はわかってもらおうと、説明することになります。しかし、言語の構造が「わかって」も、話せないことがあるという経験は、言語学習をしたことのある人なら誰でも持っている経験でしょう。また、昨日は話せたのに、今日は話せない、また、ある人とならどんどん話せるのに、ほかのある人とはうまく話せないという場合もあります。これは当然ながら、人が物ではないからです。このような例を考えていくと、言語を使用したり、学

習したりするのは人間であり、したがって、言語教育研究ではその人間を人間として見ていくアプローチが必要だということに気がつきます。すなわち、言語を学習するとき、「昨日は話せたのに、今日はうまく話せない」、そのような矛盾、変容する人間を「理解」して、それに関わる諸々の事柄を明らかにする方法の1つとして質的研究があるということだと思います。

「何を」、「どのように」、「明らかにする」のかということ、すなわち、「世界をどのように捉えるのか」ということを、デンジン・リンカン（2006）は理論的パラダイムという用語で整理しています。「理論的パラダイム」とは、存在論（人間とはいかなるものか、現実の特性とは何なのか）、認識論（研究者と知られるものとの関係は何か）、方法論（世界を知るにはどのようにすればよいか）といった、研究する際の前提となる理論のことです。デンジン・リンカン（2006）では、パラダイムというほど統一されていない理論も含め、実証主義、ポスト実証主義、構成主義・解釈主義、批判理論、フェミニズムといったさまざまな立場をあげています。

これらのパラダイムの違いはどのようなものでしょうか。ここでは、紙幅の関係上、詳細な説明はしませんが、1つの例として、私たちが研究の対象とする「現実」というものについて、考えてみましょう。研究しようとするとき、私たちは目の前にある現実に目を向けることになります。では、私たちが見ている現実とは、何なのでしょうか。大きく分けて次の3つの現実の捉え方があります。

（1）現実は研究者の外部、つまり私たちの住む世界に存在し、一定の手続きを踏めば誰でも見ることができるというもの（実証主義）。
（2）現実は私たちの住む世界にあり、見ることはできるけれど、完全には捉えることはできないというもの（ポスト実証主義）。
（3）現実は外の世界に存在するのではなく、私たちの中に存在するものであり、それを見た調査者が言語化したものが現実であり、調査者によって、また調査がいつ行われるのか、時代によって異なるというもの（構築主義）。

質的研究にはさまざまな理論的立場ありますが、この（2）や（3）の立場が、質的研究と言われる研究にある程度共通した概念だと私たちは考えます。つまり、「現実」を捉えるために、その主観を含めて研究者の存在を排除することはせず、数値化や一般化に拘泥しないというものです。このように、「現実」として「何を」見るのか1つとっても、さまざまな立場があります。このような、研究を進めていく上で非常に重要な「世界の捉え方」が、リサーチクエスチョンや調査の方法、分析・解釈の仕方を決めていくことになります。したがって、理論的な立場の表明なしには、研究をスタートすることはできないと言えるでしょう。この「理論的パラダイム」を図1に表します。

図1 | 理論的パラダイム

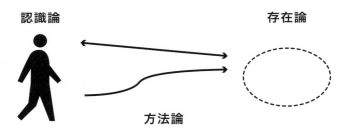

　よく聞く、グラウンデッド・セオリーとはどのような研究方法ですか、あるいは、ナラティブ・アプローチとライフストーリーはどのように違いますか、また、データをどのように分析しますか、どのように論文に仕上げたらいいですかといった質問は、「質的研究」という研究方法への質問ではありますが、質的研究全体から見ると、ほんの一部分にしか焦点が当たっていないと言えるかもしれません。なぜなら、なぜ質的研究をするのか、あるいはどのような観点から見たいものに迫るのか、研究によってどのような利益や恩恵が生じ、それを受けるのは誰なのか、といった問いがなく、方法にだけ焦点をあててしまうと、質的研究としては、奥行きや深みのない研究になってしまうからです。大切なことは、自分がどのような目的で、どのようなパラダイムに則って研究を行おうとしているのかを十分に考え、明確にすることだと思います。

では、研究者の主観を排除せず、数値化・一般化しないアプローチでは、「何を」、「明らかに」するのかということを考えてみましょう。

2.2 意味の理解

　フリック（2016）は、量的研究の限界と社会の多元化を質的研究の出発点として説明しています。質的研究は人々がどのような生活を送っているのか、どのような体験をしているのか、どのような世界観を持っているのか、なぜ、このような行動をとるのかを明らかにしたいという欲求から生まれてきたものと言えます。加えて、デンジンは、質的研究を「事物を自然の状態で研究し、人々が事物に付与する意味の観点から現象を理解ないし解釈しようとする」（デンジン・リンカン 2006：3）と定義づけています。つまり、人々の生活、経験、考え方、行動などに付与する「意味」を理解したり、解釈したりすること、これが質的研究に共通した特徴だと私たちは考えます。

　それでは、「意味の観点から現象を理解する」とはどのようなことなのでしょうか。Polkinghorn（1988）は、「私は筋肉痛である」ということと「昨日テニスを3セットもやった」こと、そして「テニスの前に十分なストレッチをしなかったこと」を連関させ、結び付けることによって「意味」が生じているのだと言っています。やまだ（2000）も同様に、2つ以上の物事を結び付けてできるものが意味だとしています。

　少し例をあげてみましょう。「足が痛いこと」をテニスのし過ぎや準備運動不足ではなく、「蜘蛛を踏んでしまった」ことと結び付ける人がいたとするとどうでしょうか。しかもその人の家には、狐をお祀りする祠があったとしたら。「足が痛い」という訴えは、余暇の時間を楽しむ現代的なスポーツ好きの人の世界から、不思議な力を持つ動物の前では無力な人間の世界の出来事へと、その意味を変えます。

　(A)「足が痛い―ストレッチを忘れた」
　(B)「足が痛い―蜘蛛を踏んでしまった」

このように、ある出来事の意味を理解するためには、それと結び付けられる第2、第3の出来事が必要で、それらを結び付けることによって、方向性（ミュトス／筋）が生まれます。ですから、1つの出来事の中に意味があるわけではないのです。他者にとって、ある出来事や経験が、どのような意味を持つのかを理解するということは、このようにある出来事と、数多くの他の出来事を結びつけ、筋を作り、筋の中でのその出来事の意味を理解していくことに他ならないのです。これは何も特殊なことではなく、日常的に多くの人が行っていることです。

　しかし、研究においては、それは少し意識的に行わなければなりません。先に述べたように、「昨日は話せたのに、今日はうまく話せない」というような不安定さは、人間が矛盾を抱え、社会や文脈の影響を受け、変容していくからに他なりません。したがって、このような事象を理解するためには、「昨日は話せたのに、今日は話せない」の前後にどのような出来事が話されたのか、それらの出来事に結びつくようなどんな第2、第3の出来事があるのか解釈しなければなりません。あるいは、「昨日」と「今日」の文脈の違いについて観察し、何らかの出来事と結び付けるという方法を取ることもあるでしょう。そして、ギアーツ（1987）が、「詩の解釈」と似ていると評した意味の連関を探り、解釈をすることによってやっと、この学習者にとっての「話せる」ことと「話せないこと」の意味が理解できるのです。

　パラダイムや方法論の選択と関わって、ここで問題となるのは、どの程度、どんな人々の間で共有されている意味を対象としたいのかということです。個人なのか、または、グループや社会で共有されているものなのか。それによって、誰にどのような視角から調査するべきなのかが決まるでしょう。また、誰がその意味の連関を作っていると考えるのかも重要です。研究者なのか、それとも研究協力者なのか。それとも（力の差はあるにしても）共働なのか。それによって、研究のデザインや研究方法、論文の書き方なども変わってくるでしょう。

　ここで大切なことは、研究者が見出した意味の連関が、研究者の独りよがりに陥らないために、どうすればいいのかも考えておくことでしょう。この点については、第3章でも述べていきます。

2.3 研究のゴール

　ここまで、何かを明らかにするにはいくつか方法があり、それはそれぞれの理論的・認識論的立場が異なるからだということがわかりました。そして、その中で、質的研究は意味を理解する研究だということを述べました。ただ、質的研究と一口に言っても、背景となる理論や学問分野によって、少しずつその考え方は異なり、実証主義に近い考え方のものから、現実とは、調査者と協力者が言説によって構築しているのだというラディカルな考え方まで、多くの考え方が併存しています。最近は、量的な方法と質的な方法を組み合わせた混合法が、質的研究の欠点を補う方法と言われる場合もあり、どの認識論を選ぶのか、どのような調査方法を選ぶのかは、1つの正解を得ることが難しい課題となっています。研究者が調査協力者に協力してもらって創る「知」について、1人1人の研究者が考えるべき問題なのだと言えます。

　質的研究を表す言葉として「ブリコラージュ」が用いられることがあります（デンジン・リンカン 2006：4）。ブリコラージュとは、器用仕事とか、日曜大工とか言われるものですが、自分の手に入るものを使いながら何かを創意工夫しながら作っていくという意味になるのではないでしょうか。質的研究は「アート」だと（フリック 2016、デンジン・リンカン 2006）言われることがありますが、自分が考える「研究」、自分がめざしている「研究」とは、どのようなものなのか、考えてみる必要はあります。Maxwell（2005）はそのための指針として以下の3つのゴールをあげています。

　　（1）知的ゴール（Intellectual goal）：知る、理解する
　　（2）実践的ゴール（Practical goal）：目的を達成する、状況を変える
　　（3）個人的ゴール（Personal goal）：研究／実践に関わる経験、動機付け

　質的研究は、研究や調査の方法、分析手順などが決まっているものもありますが、小規模でローカルな「知」を理解するための研究である場合が多いため、その方法やお作法ばかりにとらわれてしまうと、自分が入ったフィールドに合わない、あるいはフィールドを研究方法に合わせようとして、見た

いものを見過ごしてしまう恐れもあります。その際、Maxwell（2005）のあげる3つのゴールが自分にとって、どのようなものなのかを考えたり、書き出してみたりすることは非常に有益な方法だと考えます。

（中山亜紀子・八木真奈美）

....

注

i——研究者が書き留める記録の名称について、本著では「フィールドノーツ」（伊藤哲司 能智正博他編（2018）『質的心理学辞典』新曜社）を参考にした。「日本語では「フィールドノート」と呼ばれることもあるが、これは「現場でメモを記したノートブック」という意味にとられることが多く、その誤解を避けるために、ノート（note）の複数形ノーツ（notes）が用いられる」とある。

第3章

リフレクシビティ

　質的研究を進める際には、データ収集や分析、執筆など、具体的な調査の方法のほかに考えなければならない点が非常に多くあります。フリック（2016）は、研究協力者や、研究対象となることがらへのオープンな態度、研究協力者やフィールドに何らかの構造を押し付けるのではなく、人やフィールドを理解する態度など、質的研究は「特定の態度」（フリック 2016：18）に基づいていると述べています。ここでは、その態度として、リフレクシビティ（reflexivity）について考えていきたいと思います。あまり耳馴染みのない用語かもしれませんが、この概念は質的研究の鍵ともなるべき概念だと私たちは考えています。

　はじめに、このリフレクシビティ（reflexivity）という用語は、分野によってさまざまな定義や用い方がある学際的な用語のため、ここでは質的研究を行うにあたって、考えるべきことがらの1つとしてのリフレクシビティに限定することとします。また、訳語としては、省察性や再帰性、反省性などさまざまに訳されていますので、混乱を避けるため、ここでは、リフレクシビティという語をカタカナでそのまま使うこととします。

3.1　リフレクシビティとは

　では、リフレクシビティとは、どのような概念なのでしょうか。まず、リ

フレクシビティとよく似た用語として「リフレクション（reflection）」があります。このリフレクションについて、Lumsden（2019：2）は、Finlay and Gough（2003）を引いて、"reflection which entails thinking about something after the event"としています。例えば、学生であれば、授業の後などにリフレクションと呼ばれるものを書いた経験があるかもしれません。また、研究の際も、インタビューや参与観察の後など、それについて、さまざまな内省をします。リフレクションというのは、このような特定の出来事に関わる内省的な概念だと言えると思います。

　一方、リフレクシビティは、もう少し複雑な概念で、学問的背景や分野によって、異なる意味を持ち得る用語です。Lumsden（2019）によれば、リフレクシビティは社会学の系譜から、現象学やエスノメソドロジーへと受け継がれ、のちに解釈学や哲学によって深まったことなどにより、より複雑になったと言われています。ここでは、その詳細な流れを追うことはしませんが、私たちの考える質的研究にとってのリフレクシビティに限定した上で、なぜ、リフレクシビティが鍵になるかを、2つの側面から考えてみたいと思います。

3.1.1　研究者とリフレクシビティ

　1つ目は、研究者とリフレクシビティとの関係です。リフレクシビティの基本的な意味として、"turning back on oneself"（Davies 2008：4）があります。この意味が当てはまる説明として、中西（2003）が、社会学者のギデンズの述べるリフレクシビティの概念を次のように説明しています。すなわち、「再帰性（リフレクシビティ）」は「自己を他に映し出すことによって再び自己に帰って自己を規定する」ということです。これを図に示してみると、図2のように、研究の対象に向かうことによって、その影響が自分自身に戻ってくるイメージが考えられます。

　図では、往還的な矢印になっていますが、ここでは、まず、自分からフィールドに向かう方向について考えてみましょう。「自己を他に映し出すとはどういうことか」です。研究をする際、研究者は、データを収集したり、得られたデータを分析したりしますが、私たちが行っている質的研究では、誰かがすでに調査を行ったフィールドに行って、インタビューや観察など、以前

図 2 ｜ リフレクシビティ

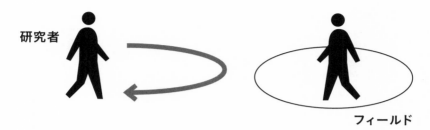

と同じ方法を使って、研究を行うということはしません。仮に、このような方法で他の研究者が行った過去の研究を再現したとしても（そのようなことは倫理的にできないですが）、その研究者の研究の結果を証明するようなことはできません。それはなぜでしょうか。

　質的研究の場合、何度も述べたように、研究の対象は、「人」に関わる事象だからです。そして、忘れてはならないのは研究を行っている研究者も人だということです。このことが研究の結果にさまざまな点で影響を及ぼします。例えば、インタビューは、インタビュアーが、インタビュイーから何かを聞き出すというプロセスではなく、両者の相互行為である（ホルスタイン 2004）という見解は、今や広く支持を得ています。また、参与観察においても研究者は透明人間なのではなく、フィールドに参与することによって、何らかの影響を及ぼすことは避けられないということが実感としてあると思われます。また、分析の段階では、データを解釈するのは研究者です。このように、質的研究のさまざまなプロセスにおいて、研究者が誰かということが研究に影響を与えているということがわかるかと思います。自然科学の研究においても、研究者は少なからず研究に影響を及ぼすと思われますが、問題は、影響を及ぼすか、及ぼさないかという点ではなく、そのことを排除しない、あるいは受け入れるということが質的研究の特徴であろうと思います。

　このように述べてくると、それは研究者のバイアスがかかった研究だとの指摘が聞こえてきます。しかし、バイアスという用語自体が実証主義的なパラダイムを土台とした研究の用語であり、バイアスは排除すべきものという概念もまた同様です。ラドソン＝ビリングズ（2006：224）は、啓蒙主義の時代

に生まれた科学的な知識を優位とする世界観が支配的になっていることに異議を唱えています。支配的になっている理由として「学校や社会が、支配的な世界観と知識を生産し、獲得していくプロセスを内面化する個人をつくりだすよう、設計されている」からだと指摘します。そして、現代でも科学的な研究こそが研究であるとする世界観、思考様式が大勢であり、その考えに立てば、研究者のバイアスは排除すべきものとなるのは当然かもしれません。しかし、その考えを自明のこととして、私たちが内面化してしまっていることこそが、実は問題なのであろうと考えます。したがって、研究者自らがフィールドに影響を及ぼすことは避けられないというのが、研究者からフィールドに向かう矢印が示すことです。

　次に、フィールドから自分へ向かう「再び自己に帰る」という矢印について考えてみましょう。私たちは、研究を行う際、一般的には自分ではない他者（あるいはグループ）について研究します。オートバイオグラフィーなどを除いて、研究者はBさんにインタビューしたり、Cさんについて参与観察したりするはずです。しかし、それが自分に戻ってくるとはどういうことでしょうか。クラパンザーノ（1991）は、ラビノー（1980）が引用したポール・リクールのことばをあげ、フィールドワークは、「他者の理解という迂回路を通しての自己の理解」だと述べています。質的研究において、他者を研究するということは、否応なく、自分を見る、自分を知ることとイコールです。それは、前述したように、すべての情報が研究者の目や耳を通して集められるということもあるでしょうし、何より、質的研究は、理論の証明や因果関係の解明が目的なのではなく、対象の理解が目的だからです。したがって、見ている自分、聞いている自分、理解している自分が「何者か」ということを省察する必要があります。私たちは、フィールドに入る際、ある種の怖さを感じます。それは、調査中に感じた違和感や楽しささえ、分析対象となり、研究中にそのような自分を知ることは、不快な経験であり、時には見たくない自分と向き合うことになるからです。そして、それは「教師の私」だったり、「研究者の私」だったり、あるいは「個人の私」のアイデンティティさえも揺さぶるものなのです。したがって、研究の過程で変容していく自分も研究の一部となるのです。

このように、研究者が研究に与える影響、そしてそのことによって、研究者自身に返ってくることについて省察する、そのような姿勢がリフレクシビティの考え方であろうと思います。しかし、例えば「自己語り」など、研究者である自分の研究や自分自身について語る試みについては、「新種のナルシズム」として捉えるべきものではない（ラドソン゠ビリングズ 2006）とする声もある一方で、単なる「自己満足」という懸念の声（Lumsden 2019）もあります。自己の内省は、その可能性と同時に限界があることも認識しておかなければならず（Lather 2001）、何のために、何を、どのように、省察していくかについて、学問的な成果とは何か、ということを含めてオープンな議論が待たれるところでしょう。

3.1.2　研究プロセスにおけるリフレクシビティ

　第 2 章で、自然科学における研究との違いについて述べましたが、バイアスやそれに伴う研究の信頼性や妥当性の問題も同様です。これらの問題は、自然科学における研究と同じ基準で議論することはできませんが、しかし、学問である以上、この問題を避けて通ることはできません。質的研究における信頼性や妥当性の課題の答えの 1 つとして、「省察性（リフレクシビティ）概念を洗練することが有効な方法ではないか」（やまだ 2007：191）と私たちは考えています。これは、どのようなことでしょうか。以下に、 2 つのアプローチを挙げます。

　　（ 1 ）「Awareness（自覚）」
　　（ 2 ）「Critical reflection（批判的省察）」　　　　　　　　　（Clark and Dervin 2016）

　（ 1 ）の「自覚」はリフレクティブであること（to be）、また、（ 2 ）の「批判的省察」はリフレクティブな実践だと考えます。 1 つ目の「自覚」とは、例えば、質的研究が明らかにするリアリティは、それぞれに社会や文化、歴史に埋め込まれた構築的なものであること、同様に研究者自身も社会や文化、歴史的な影響を受ける存在であること、加えて、研究を行うフィールドや研究者は、アカデミックな学問分野の性質や政治性に色付けられ、枠づけられ

たものであることなど、これら研究の限界性を自覚することであり、研究の都度、考察していく姿勢が問われると考えます。

　また、2つ目の「批判的省察」は、フィールドエントリーから始まる研究のプロセス、例えば、リサーチクエスチョンやテーマの設定、データ収集や分析、結論の提示において、なぜ、そうなるのかということへの批判的洞察やそれを開示していく対話性、そして、当然のこととして、フィールドへの敬意や責任、研究に協力してくれる人への倫理的・道徳的態度をもつことを着実に行っていくことであろうと考えます。

　ここまで、リフレクシビティと研究者との関係、研究プロセスにおけるリフレクシビティという2つの観点からリフレクシビティについて述べました。リフレクシビティは、自動車でいえば、車輪の片方です。自動車は両輪が揃わなければ、走りません。そして、自動車を動かす際、両方の車輪を同時に動かすというより、片方の車輪が動けば、もう片方の車輪も連動して動くように、研究の過程では、自己を理解することによって、他者を理解し、逆に他者を理解することによって、自己を理解するという、両輪が動いていると言えるでしょう。すなわち「自己理解は他者の理解と不可分に結びついている」（ギデンズ 1998、引用は中西 2003：104）のだと言えます。そして、そのような往還的な研究のプロセスでは、絶えざる省察が必要です。そのような意味において、リフレクシビティは欠かすことはできない概念だと言えると私たちは考えます。

３.２　言語教育研究におけるリフレクティブな質的研究の必要性

　言語教育研究は、「現実世界の言葉に関する問題」を多方面から扱う応用言語学（Davies and Elder 2004）の一部であり、どのように言語を教えるのがいいのか、どのように教室を運営すればいいのかなど、実践的な問題と関わりがあります。言語教育研究が想定している読者、つまり、言語教育に関わる教師や学校関係者がそれぞれの現場で応用できる「知」が求められていると言えます。私たちは、言語教育研究でリフレクティブな意味の探求が行われ、それが読まれることが、研究者のみならず、教師にも非常に有益ではないかと

考えています。

　教師が成長するためには、「他の人が作成したシラバスや授業を鵜呑みにし、そのまま適用していくような受け身的な存在ではなく、自分自身で自分の学習者に合った教材や教室活動を創造していく能動的な存在」となり、「これまで無意識に作り上げてきた自分の言語教育観やそれに基づいた教授法やテクニックの問題点を、学習者との関わりの中で見直していくという作業を自らに課す」（岡崎・岡崎 1997、引用は横溝 2006：63）ことが必要だと言われています。

　ここでの振り返るべきこととは、実際の授業に関わることだけではなく、「子ども時代からの学校での経験、家族との関係、教師以外の仕事の経験、その他ありとあらゆる過去の経験」の中から、「教師としての自分の言動や思考や感情に影響を与えているもの」（青木 2006：143）であり、それらを意識化する必要があると言われています。なぜなら、教師の実践とは、「教師の自己表現であり、教師がそれまでの人生で身に付けてきた信念、価値観、モノの見方、経験がたっぷりしみ込んでいる」（Cole and Knowles 2000、引用は青木 2006：142）ものだからです。

　自分の教育を振り返る方法として、アクション・リサーチ（横溝 2000、青木 2006）やFOCUS（文野 2009）、実践研究（細川・三代 2014、柳瀬 2018）など、さまざまな教師研修が提案されてきましたが、振り返りは、常に成功するとは言えません（金田 2009）。なぜなら、教師が自分の教育を振り返るとは、「単なる知識や技能の増加ではなく、これまで培ってきた見解・信条を見直すという「危機」を伴う」（文野 2010：19）ものだからです。青木が言うように、教育実践には、教師のそれまでの人生がしみこんでいるのだとすれば、文野（2010）のいう「危機」とは、教師としての人生観や世界観の更新と言い換えることもできるのかもしれません。ですから、過去の経験がその人の「教師としての資質に影響しているとしても、それらの経験について振り返り、書くこと、語ることを強制す」（青木 2006：150）べきではなく、見方を変えると、教師が振り返りを行いやすい「条件」（青木 2006）はあっても、「適切な方法」（金田 2009）を用いれば常に振り返りが起こるものではないと言えます。

　また、自分のことだけを振り返っていれば十分というわけではありません。文化的背景が異なる学習者を対象に仕事をしている日本語教師の場合、自分

とは異なる経験をもつ学習者のことを知らなければ、教室の中で起こっている問題の本質を見誤る可能性があります（青木 2006、2010）。学習者は意識するとせずとに関わらず、授業外でのアイデンティティを持ち込みます（Norton 2013）。授業外で学習者が求めるアイデンティティの価値を教師が認めなかったり、授業に投資しても求めるものが得られなかったりするとき、学習者は教室を去るという選択をする場合があります（Norton 2013、瀬尾 2016、周 2009）。ここでいうアイデンティティとは、学習者と彼／彼女を取り巻く文化的、社会的、経済的、ジェンダー的な状況との間で構築されたものであり、時間とともに変化しながら形作られていくものです。学習者のことを振り返るとは、時に不平等に構築されている社会の中の学習者に思いを寄せることであり、彼らの自分史を知り、理解しようとすることも含意していると考えます。

　それでは、教師が自分の人生や学習者のことを振り返り、世界観を更新するためには何が有効なのでしょうか。柳瀬（2018）は、物語として書かれている実践研究を読むことが、教師成長のきっかけになると主張しています。物語を読むことによって、読者はいわば第2の作者となり、自分なりの物語を頭の中に描くことになるからです（ブルーナー 1988）。柳瀬（2018）は、教師が、自分自身の実践を思い浮かべながら読むことで、実践研究の結果を字義どおり真似るのではなく、自分の現場に適用可能であるのかという「能動的に適用の判断を行う可能性」（柳瀬 2018：28）が開かれ、「読者を意味の探求者」にすることになると述べています。つまり、他者の実践を読むことによっても、自分の実践や自分の教室にいる学習者を「振り返る」ことは可能なのです。柳瀬は実践研究に話を限定していますが、実践研究であれ、学習者の物語や教師の物語であれ、物語を読むことは、教師研修の1つの可能性を示していると言えるのではないでしょうか。

　ここで注意したいことは、読むことが教師の世界観更新に役立つのは、読者である教師が「第2の作者」となり、「意味の探求者」となって初めて可能だということです。リクール（2004）は、物語を物語として成立することを可能にする能力の1つとして、慣習、信仰、制度などの全体を形成している文化の象徴的ネットワーク能力をあげています。つまり、慣習や制度など、文化的な力を借りて、人々は物語を読み、語ります。読者が既に持っている文

化の象徴的ネットワークに揺れが生じなければ、読者の世界観が更新される
ことはありません。教師の成長に必要なのは、教師の世界観の更新であった
ことを思い出しましょう。優れた実践研究を読んだとしても、読者がそこに
自分の振り返りを促すような新しい物語を読み取らなければ、既存の慣習や
制度をなぞるだけになってしまうのです。自分の既知のレパートリーにある
物語をどう更新することができるのか、それは結局、「振り返り」の難しさと
重なります。そこに、リフレクティブな研究が教師にとって、役に立つので
はないかと思う理由があります。

　上で述べたように、私たちが考えるリフレクティブな研究とは、研究者が
研究対象やデータと向き合い、（それをどのように論文の中に盛り込むのかは別として）
研究を通して気づいた自分自身を含めて省察するものです。同じ時代を生き
る研究者が気づいたこととは、日本語教育界に広く行きわたっている誤謬だっ
たり（八木 2006、ロクガマゲ 2008）、学習者が日本語を学びたくない理由だっ
たり（中井 2018、中山 2016）、研究者自身の教育観（李 2006）だったりします。同
時代の研究者が、自分をツールとして達成した研究対象への理解（つまり研究
成果）は、鏡のように研究者と読者のいるこの世界を映すでしょう。言い換え
れば、リフレクティブな研究とは、「自己のテクストや解釈を、対話的に「公
開」」（やまだ 2007）する研究ということもでき、「ズレや総意や変化プロセスを
含みながら「公共化」」した研究と言えるのです（やまだ 2007：191）。リフレク
ティブな研究から生じる研究者の世界の「揺らぎ」（好井 1999）を通して、読
者も自分の世界を更新するきっかけを得ることになるのではないでしょうか。

　さらにリフレクシビティは、学習者にとっても有益だという主張をしてい
る研究者もいます（Clark and Dervin 2014）。リフレクシビティとは、研究のプ
ロセスを透明にすることだと思われがちですが、それだけでなく、研究の前、
研究中、研究後も含めて、なぜそのような研究が行われることが可能であり
（他の場所は不可能で）（Clark and Dervin 2014）、そこでどのようなコミュニケーショ
ンが行われ、研究者／研究参加者それぞれがどのような位置にあり、それは
どう変わっていったのかを含めて考察するものです。このことは、言語使用
という学習者が直面している場にも当てはまることです。どんな時に話しや
すく、どんな時に話しにくいのか、それはなぜなのか。他の場合と比べてど

うなのか。なぜ、私は、その言葉を学びたいのか（あるいは、学びたくないのか）、それらを振り返ることによって、学習者は、自分の学習イメージを意識化するだけではなく、自分がおかれている社会的、文化的な位置も批判的にとらえることができるのではないかというのです。青木は、学習者オートノミーを育てようとする教師には、教師オートノミーが必要だ（2006）と述べていますが、同様に、自分の体験を振り返ることを学習者に望むのであれば、教師こそ、自分の立ち位置をみつめなおし、リフレクティブになることが必要なのではないでしょうか。

　このように、リフレクティブな質的研究は、研究者のみならず、教師にも非常に有益なものだと考えます。このことが、私たちが、言語教育研究に、そして教育実践に、リフレクシビティという概念が非常に重要であると考える理由です。

（八木真奈美・中山亜紀子）

参 考 文 献　（第1部）

青木直子（2006）「教師オートノミー」春原憲一郎編『日本語教師の成長と自己研修—新たな教師研修ストラテジーの可能性をめざして』pp.138–157. 凡人社

青木直子（2010）「学習者オートノミー、自己主導型学習、日本語ポートフォリオ、アドバイジング、セルフ・アクセス」『日本語教育通信』65. 国際交流基金〈https://www.jpf.go.jp/j/project/japanese/teach/tsushin/reserch/201003.html〉2019.3.7

青木直子（2016）「21世紀の言語教育：拡大する地平、ぼやける境界、新たな可能性」『ジャーナルCAJLE』17：pp.1–22. カナダ日本語教育振興会

秋田喜代美（2000）『子どもをはぐくむ授業づくり—知の創造へ』岩波書店

アンダーソン、ハーレーン・グーリシャン、ハロルド（2013）野村直樹訳『協働するナラティヴ』遠見書房（Anderson, Harlene and Harold Goolishian. (1988) Human Systems as Linguistic Systems: Preliminary and Evolving Ideas about the Implications for Clinical Theory. *Family Process*, 27 (4): pp.371–393.）

岡崎敏雄・岡崎眸（1997）『日本語教育の実習—理論と実践』アルク

郭菲（2016）「中国人留学生の日本の大学院の学術的コミュニティへの参加—文系

大学院生のケース・スタディー」『阪大日本語研究』28：pp.109–141．大阪大学大学院文学研究科日本語学講座

金田智子（2009）「日本語教師の育成および成長支援の在り方―「成長」にかかわる調査研究の推進を目指して」河野俊之・金田智子編『日本語教育の過去・現在・未来第2巻教師』pp.42–63．凡人社

亀井美弥子（2012）「アイデンティティー「私」であることの実践」茂呂雄二・有元典文・青山征彦・伊藤崇・香川秀太・岡部大介『状況と活動の心理学―コンセプト・方法・実践』pp.72–77．新曜社

ガーゲン、ケネス（2004）永田素彦・深尾誠訳『社会構成主義の理論と実践―関係性が現実をつくる』ナカニシヤ出版（Gergen, Kenneth J. (1997) *Realities and Relationships: Soundings in Social Construction*. Cambridge, MA: Harvard University Press.）

ギアーツ、クリフォード（1987）『文化の解釈学』吉田禎吾他訳、岩波現代選書（Greetz, Clifford. (1973) *Interpretation of Cultures*. New York, NY: Basic Books.）

菊岡由夏（2004）「第二言語の教室における相互行為―"favorite phraseの使いまわし"という現象を通して」『日本語教育』122：pp.32–41．日本語教育学会

久野弓枝（2020）『日本語を第2言語とする女性配偶者の学習支援に関する研究―ライフストーリーによる生と学びのとらえかえし』鳥影社

クラパンザーノ、ヴィンセント（1991）大塚和夫・渡部重行訳『精霊と結婚した男―モロッコ人トゥハーミの肖像』紀伊國屋書店（Crapanzano, Vincent. (1980) *Tuhami, Portrait of a Moroccan*. Chicago, IL: University of Chicago Press.）

佐伯胖・福島真人（1993）「訳者解説」レイヴ、ジーン・ウェンガー、エティエンヌ『状況に埋め込まれた学習―正統的周辺参加』産業図書

佐藤慎司・熊谷由理（2011）『社会参加をめざす日本語教育―社会に関わる、つながる、働きかける』ひつじ書房

城間祥子（2011）「教室の中と外―コラボレーション型授業の創造」茂呂雄二・田島充士・城間祥子編『社会と文化の心理学―ヴィゴツキーに学ぶ』pp.207–222．世界思想社

周萍（2009）「地域の日本語教室をやめた中国人学習者のケース・スタディ」『阪大日本語研究』21：pp.129–150．大阪大学大学院文学研究科日本語学講座

瀬尾悠希子（2016）日本語から韓国語へ移行する学習者達―香港の成人学習者へのインタビューから」『日本学刊』19：pp.49–63．香港日本語教育研究会

デンジン、ノーマン K.・イヴォンナ S.リンカン（2006）「質的研究の学問と実践」ノーマン K.・デンジン・イヴォンナ S.リンカン編　平山満義・古賀正義・岡野一郎訳『質的研究ハンドブック第1巻―質的研究のパラダイムと眺望』pp.1–28．

北大路書房（Denzin, Norman K. and Yvonna S. Lincoln (2000) Introduction: The Discipline and Practice of Qualitative Research. In Norman K. Denzin and Yvonna S. Lincoln. (eds.) *Handbook of Qualitative Research* (2nd ed.), pp.1–28. Thousand Oaks, CA: Sage.）

舘岡洋子編（2015）『日本語教育のための質的研究入門』ココ出版

中井好男（2018）『中国人日本語学習者の学習動機はどのように形成されるのか——M-GTAによる学習動機形成プロセスの構築を通して見る日本語学校での再履修という経験』ココ出版

中西眞知子（2003）「再帰性とアイデンティティの観点からの近代化論——ギデンズの再帰的近代化の時間的空間的広がりをめぐって」『ソシオロジ』47（3）：pp.103–119．社会学研究会

中山亜紀子（2016）『「日本語を話す私」と自分らしさ——韓国人留学生のライフストーリー』ココ出版

バフチン、ミハエル（1995）望月哲男・鈴木淳一訳『ドストエフスキーの詩学』ちくま学芸文庫

範玉梅（2007）「新世代留学生の精神的成長に関するケース・スタディー——日本語教育への示唆」『阪大日本語研究』19：pp.161–192．大阪大学大学院文学研究科日本語学講座

文野峯子（2009）「教室コミュニケーションから学ぶ——授業が分かる教師・授業を変えられる教師をめざして」河野俊之・金田智子編『日本語教育の過去・現在・未来第2巻教師』pp.181–206．凡人社

文野峯子（2010）「教師の成長と授業分析」『日本語教育』144：pp.15–25．日本語教育学会

ブルーナー、ジェローム（1988）田中一彦訳『可能世界の心理』みすず書房（Bruner, Jerome. (1986) *Actual Minds, Possible Worlds*. Cambridge, MA: Harvard University Press.）

フリック、ウヴェ（2011）小田博志・山本則子・春日常・宮地尚子訳『新版質的研究入門——"人間の科学"のための方法論』春秋社（Flick, Uwe. (2005) *Qualitative Sozialforschung*. Reinbek, Germany: Rowohlt Verlag.）

フリック、ウヴェ（2016）鈴木聡志訳『質的研究のデザイン』新曜社（Flick, Uwe. (2008) *Designing Qualitative Research*. Thousand Oaks, CA: Sage.）

細川英雄・三代純平編（2014）『実践研究は何を目指すか——日本語教育における実践研究の意味と可能性』ココ出版

ホルスタイン、ジェイムズ・グブリアム、ジェイバー（2004）山田富秋・兼子一・倉石一郎・矢原隆行訳『アクティヴ・インタビュー——相互行為としての社会

調査』せりか書房（Holstein, James A. and Jaber F. Gubrium. (1995) *The Active Interview*. Thousand Oaks, CA: Sage.）

本田弘之・岩田一成・義永美央子・渡部倫子（2014）『日本語教育学の歩き方—初学者のための研究ガイド』大阪大学出版会

メリアム、シャラン B.（2004）堀薫夫・久保真人・成島美弥訳『質的調査法入門—教育における調査法とケース・スタディ』ミネルヴァ書房（Merriam, Sharan B.（1998）*Qualitative Research and Case Study Applications in Education*. San Francisco, CA: Jossey-Bass.）

八木真奈美（2006）「多言語使用と感情という視点からみる、ある「誤用」—定住外国人のエスノグラフィーから」『リテラシーズ』3（2）：pp.1–9．くろしお出版

八木真奈美（2018）「移住者の語りにみられる「経験の移動」が示唆するもの—Agencyという観点から」川上郁雄・三宅和子・岩﨑典子編『移動とことば』pp.171–189．くろしお出版

柳瀬陽介（2018）「なぜ物語は実践研究にとって重要なのか—読者・利用者による一般化可能性」『言語文化教育研究』16：pp.12–32．言語文化教育研究学会

やまだようこ（2000）「人生を語ることの意味—ライフストーリーの心理学」やまだようこ編『人生を物語る—生成のライフストーリー』pp.1–38．ミネルヴァ書房

やまだようこ（2007）「質的研究における対話的モデル構成法—多重の現実、ナラティヴ・テクスト、対話的省察性」『質的心理学研究』6：pp.174–194.

やまだようこ・サトウタツヤ・能智正博・麻生武・矢守克也（2013）『質的心理学ハンドブック』新曜社

横溝紳一郎（2000）『日本語教師のためのアクション・リサーチ』凡人社

横溝紳一郎（2006）「教師の成長を支援するということ—自己教育力とアクション・リサーチ」春原憲一郎・横溝紳一郎編『日本語教師の成長と自己研修—新たな教師研修ストラテジーの可能性をめざして』pp.44–67．凡人社

好井裕明（1999）『批判的エスノメソドロジーの語り—差別の日常を読み解く』新曜社

義永（大平）美央子（2005）「伝達能力を見直す」西口光一編『文化と歴史の中の学習と学習者』pp.54–78．凡人社

ラドソン＝ビリングズ、グロリア（2006）「人種化された言説と民族的認識論」ノーマン K. デンジン・イヴォンナ S.リンカン編　平山満義・古賀正義・岡野一郎訳『質的研究ハンドブック第1巻—質的研究のパラダイムと眺望』pp.223–242．北大路書房（Ladson-Billings, Gloria. (2000) Racialized Discourses and Ethnic Epistemologies. In Norman K. Denzin and Yvonna S. Lincoln. (eds.) *Handbook of*

Qualitative Research (2nd ed.), pp.257–278. Thousand Oaks, CA: Sage）

李暁博（2006）「「ざわざわ」とした教室の背後の専門的意味―ナラティブ探究から探る」『阪大日本語研究』18：pp.139–167．大阪大学大学院文学研究科日本語学講座

ラビノー、ポール（1980）井上順孝訳『異文化の理解―モロッコのフィールドワークから』岩波書店（Rabinow, Paul. (1977) *Reflections on Fieldwork in Morocco*. Berkeley, CA: University of California Press.）

リクール、ポール（2004）久米博訳『時間と物語Ⅰ―物語と時間性の循環／歴史と物語』みすず書房（Ricœur, Paul. (1983) Temps et Récit. Tome I : L'intrigue et le Récit Historique, Paris, France: Le Seuil）

ロクガマゲ、サマンティカ（2008）「初級クラスにおける媒介語の使用とやり取りの構造日本語を第2言語とするスリランカの日本語教師の考え方と授業実践」『阪大日本語研究』20：pp.168–195．大阪大学大学院文学研究科日本語学講座

ロゴフ、バーバラ（2006）當眞千賀子訳『文化的営みとしての発達―個人、世代、コミュニティ』新曜社（Rogoff, Barbara. (2003) *The Cultural Nature of Human Development*. New York, NY: Oxford University Press.）

Bakhtin, Mikhail. (1986) *Speech Genres and Other Late Essays*. Translated by Vern W. McGee. Austin, TX: University of Texas Press.

Clark, Julie B. and Fred Dervin. (2014) Introduction. In Julie Clark B. and Fred Dervin. *Reflexivity in Language and Intercultural Education: Rethinking Multilingualism and Interculturality*. New York, NY: Routledge.

Cole, Andra L. and Gary Knowles J. (2000) *Researching Teaching: Exploring Teacher Development through Reflexive Inquiry*. Needham Heights, MA: Allyn and Bacon.

Davies, Alan and Catherine Elder. (2004) Applied Linguistics: Subject to Discipline? In Alan Davies and Catherine Elder. (eds.) *The Handbook of Applied Linguistics*, pp.1–16. Malden, MA: Blackwell.

Davies, Charlotte A. (2008) *Reflexive Ethnography: A Guide to Researching Selves and Others*, pp.1–42. Abingdon, UK: Routledge.

Dörnyei, Zoltan. (2009) The L2 Motivation Self System. In Zoltan Dörnyei and Ema Ushioda. (eds.) *Motivation, Language Identity and the L2 Self*, pp.9–42. Bristol, UK: Multilingual Matters.

The Douglas Fir Group. (2016) A Transdisciplinary Framework for SLA in a Multilingual World. *The Modern Language Journal*, 100: pp.19–47. https://doi.org/10.1111/modl.12301

Finlay, Linda and Brendan Gough. (eds.) (2003) *Reflexivity: A Practical Guide for Re-*

searchers in Health and Social Sciences. Oxford, UK: Blackwell.

Firth, Alan. and Johannes, Wagner. (1997) On Discourse, Communication, and (some) Fundamental Concepts in SLA research. *The Modern Language Journal*, 81: pp.285–300.

Lather, Patti. (2001) Validity as an Incitement to Discourse: Qualitative Research and the Crisis of Legitimation. In Virginia Richardson. (ed.) *Handbook of Research on Teaching*, pp.241–250. Washington, D.C.: American Educational Research Association.

Littlewood, William. (2004) Second language learning. In Alan Davies and Catherine Elder (eds.) *The Handbook of Applied Linguistics*, pp.501–524. Oxford, UK: Blackwell.

Lumsden, Karen. (2019) Introduction: The Reflexive Turn and the Social Sciences. In Karen, Lumsden. (ed) *Reflexivity: Theory, Method and Practice*. London, UK: Routledge.

Maxwell, Joseph A. (2005) *Qualitative Research Design: An Interactive Approach.* (2nd ed.). Thousand Oaks, CA: Sage.

Norton, Bonny. (2013) *Identity and Language Learning: Extending the Conversation* (2nd ed.) Bristol, UK: Multilingual Matters.

Ochs, Elinor. (2005) Constructing Social Identity: A Language Socialization Perspective. In Scott F. Kiesling and Christina B. Paulston. (eds.) *Intercultural Discourse and Communication*, pp.78–91. London, UK: Blackwell.

Polkinghorne, Donald. (1988) *Narrative Knowing and the Human Sciences*. Albany, NY: State University of New York Press.

Riley, Philip. (2003) Drawing the Threads Together. In David Little, Jennifer Ridley and Ema Ushioda. (eds.) *Learner Autonomy in the Foreign Language Classroom: Teacher, Learner, Curriculum, and Assessment*, pp.237–252. Dublin, Ireland: Authentik.

Siegal, Meryl. (1996) The Role of Learner Subjectivity in Second Language Sociolinguistic Competency: Western Women Learning Japanese. *Applied Linguistics*, 17 (3): pp.356–382.

Stetsenko, Anna. (2013) The Challenge of Individuality in Cultural Historical Activity Theory: "Collectividual" Dialectics from a Transformative Activist Stance. *Outlines. Critical Practice Studies*, 14 (2): pp.7–28.

第 2 部

言語教育における
5つの質的研究法

第4章

ナラティブ・インクワイアリ

　ナラティブ・インクワイアリという方法は、もともとは教師教育と教師研究の分野で使われた質的研究手法の1つです。ナラティブ・インクワイアリの提唱者のConnellyとClandininは、長年教師教育を行い、教師の知識は論理的なものではなく、彼らがそれまでに生きてきた経験に根付いているストーリーであると結論しています。ナラティブ・インクワイアリというのは、この前提に立ち、教師が生きる経験を区切って理解し、研究するのではなく、それを全体的な視点でストーリーのままに捉え、その意味を理解し、研究する手法です。人間の経験に焦点を当てる手法であるため、その後、教師教育や教師研究の分野だけではなく、他の研究分野でも応用されています。

4.1　ナラティブ・インクワイアリの定義

　ナラティブ・インクワイアリを定義するのはなかなか厄介なことです。Clandinin & Connelly（2000）は、ナラティブ・インクワイアリを、「生活を理解する方法である」と定義していながら、別のところで、また、「ナラティブ・インクワイアリは研究内容である。同時に、研究方法であり、思考方法でもある」と言っています。

　どうも、ナラティブ・インクワイアリは単に質的研究手法という枠には抑えられないようです。確かに、ナラティブ・インクワイアリの定義を一言で

言うのはなかなか難しいことです。かといって、「ナラティブ・インクワイアリは内容であり、研究方法であり、思考方法でもある」という定義だけを見ていても、ピンときません。しかし、ナラティブ・インクワイアリとは何かを理解するためには、やはり、この3つの側面から理解しなければ理解しがたいと思います。

　次に、私の研究体験と結びつけながら、ナラティブ・インクワイアリの意味について述べていきます。

4.1.1　研究内容としてのナラティブ・インクワイアリ

　研究内容としてのナラティブ・インクワイアリというのは、ClandininとConnellyの、生活、経験というのはそもそもナラティブであるという見方に拠っています。その裏には、ナラティブ・インクワイアリの発祥となった教師の知識についての研究の変遷と理解がありました。

　彼らの早期の言葉で言うと、教師の知識は「個人的実践知」（personal practical knowledge）です。つまり、教師の知識は教師という人間を組み立てるものだと見なされ、教師の個性、その人の過去、未来と密接に関連し、教師の経験、個人的、社会的、慣習的な信念（convictions）、意識（conscious）、無意識（unconscious）のかたまり（body）であることを意味します。つまり、教師の「個人的実践知」とは人間が生きることを構築するすべての経験にいきづいている知識であり、個人個人の専門的、個人的な経験の歴史によって多様化されるものとして、理解されるべきものです（Clandinin 1985：362）。

　しかし、教師という「個人」は、そもそも孤立して生活しているものではありません。その「個人」が生きる人生の経験には、複雑な要素が絡んでいるのに違いありません。例えば、働く学校の性質、国の政策、学校の管理、同僚との関係などマクロの面からミクロの面まで、教師の知識というものに影響し、それを構築しています。しかし、このように複雑で、ダイナミックに変化する、教師を取り巻く環境などを、どのように、教師の知識として理解し、捉えられるのでしょうか。そこで、必然的に、ナラティブにたどり着きます。彼らは、「専門的な知識の風景」（professional knowledge landscape）というメタファーを使い、説明をしています。彼らは、「私たちはこの風景をナラティ

ブ的に構築されるものだと考えている。それは精神と感情、美学に満ちた歴史を持っているものだと思う。私たちはこれを「ものがた」られるものだと理解する。「専門的な知識の風景」に入ることは、ストーリーに入ることを意味する」（Clandinin & Connelly 1999：2）と述べています。つまり、風景というメタファーを使うことによって、教師について理解するとき、限られた数の分析項目だけではなく、教師の専門的な知識に含まれる多様な人、場所と物、それに含まれている文化、社会の要素、およびその複雑な関係そのものを統合的に理解することが可能になるのです。

　私は日本に留学した時、「涼子さん」という日本語教師の実践を一年近く観察し、彼女の専門的知識について、研究を行いました。涼子さんの教室内、外での言動などを記録し、研究データとして集めました。実践研究をしたことのある人間なら、誰でもわかると思いますが、教室に入ったら、毎日、研究者も教師も経験しているのが、他でもなく、ストーリーなのです。そのため、どれが涼子さんの専門的知識かは、論理的な言葉では、とても言えないことを経験しました。

　ナラティブ・インクワイアリは最初は教師教育のために始まったのですが、それだけには限りません。その裏には、Clandinin & Connellyがもとにしている重要な理論の１つであるDeweyの経験論という考えがあります。

　Deweyは教育を「経験」と「ライフ[i]」に結び付けて考えています。また、「経験の連続体」という用語で教育を捉えます。それは、つまり、現在の経験は過去に経験した経験から生まれる（grow out of）もので、同じように、今の経験はさらに未来の経験と結びついていきます。このように人間は経験を絶えず改造しながら生きていきます。この経験の絶えざる改造こそは「ライフの本質（life）」であり、「教育」であるとされています。

　教育を「経験」と結びつけた結果、必然的に「ナラティブ」にたどり着きます。なぜなら、「「経験」そのものは人間が生きるストーリー（"Experience is the stories people live"）」（Clandinin & Connelly 1994：26）であり、「ライフの中にナラティブの断片が満ちている」（2000：17）と彼らは考えているからです。

　よって、ナラティブというのは経験、そして、生活に対する１つの考え方、あるいは捉え方だと言えるでしょう。そのポイントは「経験」にありま

す。研究参加者の「経験」に興味があるならば、ナラティブ・インクワイア
リのアプローチは適切な方法でしょう。実際、留学生身分の研究者が同じ留
学生である研究協力者の経験をナラティブ・インクワイアリにした研究があ
るし、カナダに移民した中国人女性が中国とカナダという異文化での移動の
経験を探るナラティブ・インクワイアリもあります。さらに、Aoki（2010）の
ように、自分が教える学生の語りから、自分がそれまでの教師としての経験
を振り返り、反省を行ったナラティブ・インクワイアリもあります。要する
に、「経験」に注目したいならば、ナラティブ・インクワイアリがいい選択で
はないでしょうか。

4.1.2　思考方法としてのナラティブ・インクワイアリ

　思考方法としてのナラティブ・インクワイアリを理解するために、まず、
「ナラティブ的に」考える（narratively think）ということの意味を理解したほう
がいいでしょう。

　「ナラティブ的に」考えるとは、一体どういう意味でしょう。

　中国の学者（朱光明・陈向明 2008）は、「ナラティブ的に」考えるということ
を、内的な意味を関連付ける方法で人間の生活経験そのものを考えることで
あると定義しています。また、よく引用されるものですが、心理学者のブルー
ナーはナラティブを人間が物事を考える 1 つのモードとして認め、「パラデ
ィグマティックモード」（paradigmatic mode）と区別しています。ブルーナーに
よると、「ナラティブモード」（narrative mode）と「パラディグマティックモー
ド」は（相補的ではあるけれども）、お互いに還元することはできません。それぞ
れの知り方の様式は、独自の作用原理と適格性の基準をもっています。「パラ
ディグマティックモード」は因果関係の型を「もしも x ならば、（then）y とな
る」という論理的命題で陳述し、最終的に、形式的及び実証的な証明をもた
らす手続きに訴えることによって立証します。それに対して、「ナラティブ
モード」は因果関係の型を「王が死んで、そしてそれから（then）王妃が死ん
だ」という物語による陳述をすることによって、2 つの出来事の間のいかに
もおこりそうな特定の関連—死を免れないことの深い悲しみ、自殺、裏切り
といった—の探究につながります。要は、「ナラティブモード」は真理をもた

らすのではなく、真実味をもたらすのです。

　我々人間は複雑な現実の意味合いや豊かなニュアンスを捉えるとき、ストーリーを通して物事を考えています。「パラディグマティックモード」で使われている定義、事実の陳述、あるいは抽象的な提案などによって豊かなニュアンスは表出されないでしょう。Carter（1993：6）によれば、豊かなニュアンスはストーリーを通してしか表現できないことを主張しています。つまり、ストーリーに含まれている知識は抽象的にルール化したり、理論的に陳述したりすることはできないのです。

　では、なぜナラティブ・インクワイアリにとって、ナラティブ的に考えることが特に大事なのでしょうか。そもそも、Clandinin & Connelly が定義しているナラティブの意味というのは、次のようなものです。「人間が未来の目的に向かって、自分の過去の経験について語り、再び語るという果てしない（endlessly）行為を通して、自分の経験をどのように意味化するかを探求する学問（study）である」（1988：24）。

　要するに、ナラティブ・インクワイアリには2つの側面があります。1つは、ナラティブの語りです。もう1つは、意味の探求です。しかし、この2つの側面は個別に独立しているものではありません。ナラティブの語りと意味の探求が表裏一体の関係にあるのです。ナラティブを語る目的は探求にあり、探求はナラティブの語りを通してしかできないのです。こういうふうに見ると、ナラティブ・インクワイアリをするために、ナラティブ的に考えなければならないということがわかるでしょう。換言すれば、ナラティブ・インクワイアリはナラティブ的に考えること、そのものでなければならないのです。

　中国で行われているナラティブ・インクワイアリの研究を読むと、ナラティブを叙述しているから、ナラティブ・インクワイアリの研究だと言い張る研究者が結構います。一番やってはいけないことは、確かにナラティブの形はとっていても、実は、そのナラティブは研究者の頭の中にある観念や、理論、枠組みなどを表出するためにあるもので、経験そのものの内的意味のつながりに沿って、「ナラティブ的に」考え、探求した結果ではないことです。パラディグマティックな研究を長期的にやってきた研究者やナラティブ・イ

ンクワイアリの初心者が犯しがちな過ちです。

　私も最初のナラティブを書いた際に、頭にあるのは、「研究」ということだらけでした。フィールドワークを通して集めてきたのは、全部日常茶飯事のようなことですから、それをだらだら語っても、研究にならないのではないかと心配してばかりいました。どうすれば、自分の研究がもっと研究らしい研究になるか、どうやって、理論を入れて、立派に見せることができるかと、色々と考えました。要するに、ナラティブ・インクワイアリをやると宣言しながらも、頭の中にあるのは、相変わらずパラディグマティックな研究パラダイムでした。こうなった背景には、やはりナラティブのような研究にはある種の不信感を持っていたからでしょう。つまり、果たして、これで大丈夫かしらという心配があるということです。私がとった解決策というのは、ナラティブ・インクワイアリに関する本や質的研究に関する本を読み直すことでした。本で、ナラティブ・インクワイアリと質的研究の本質をもう一度確認し、そこから、理解をさらに深め、ナラティブも研究になれるという自信を得たのです。

　かといって、ナラティブ的に考えているから、出来事をだらだらと記述するだけで、ナラティブ・インクワイアリであると思うのは、大きな間違いです。なぜならば、ナラティブは意味を探求するためにあるからです。He（2002）の中には、指導教師としてのConnellyと自分との会話を記録している部分があります。その中で、ConnellyがHeに対して、「あなたはそもそもなぜこのストーリーを選んだのか、何のためにこれを書くのか、これを書いてどうしたいのか、このストーリーからあなたはそれぞれ中国とカナダのどのような文化を読み取ることができるのか」と問いかけていました。Connellyのこのような問いかけからも分かるように、ナラティブ・インクワイアリは決してナラティブを語るために語るのではありません。そこにやはり、研究者はナラティブを通して、何を表したいのかという「意図」があります。ただし、この「意図」は、研究者がある理論の表出のためにある、あるいは事前に頭にあるものではありません。ストーリーを語り、語り直しているうちに、「見出された」、あるいは「生み出された」ものであり、いわゆる経験に含まれている意味です。その意味を表出するために、ナラティブを語るわけです。

では、人間の経験をなぜナラティブ的に考えることが大切なのでしょうか。これを説明するために、中国の有名な歴史研究の作品である「史記」を例としてあげましょう。「史記」は中国の歴史を記述する本ですが、ナラティブ的に書かれており、そのナラティブには、中国の文化、伝統、道徳、倫理あるいは政治など、多方面で豊富な意味合いが含まれ、二千年経っても、色々な分野の学者に興味を持たれ、分析が行われています。なぜ「史記」にはこのような魅力があるのでしょうか。呉・張（2014）にはこれについての分析がありました。その分析から分かったのは、司馬遷の「史記」の中に書かれている歴史的な「事実」は、客観的な出来事だけではなく、民間での伝説や神話、ないしフィクションまで含まれているということでした。歴史の研究なのに、なぜ伝説や神話やフィクションまでの資料を使うことにしたのでしょうか（司馬遷は史料の収集に多声的な声を聴くために、よくフィールドワーク調査をしたそうです）。呉・張（2014）は、この問題を解明するために、「史記」の叙述の仕方の分析を行いました。その分析から分かったのは、司馬遷が歴史人物や歴史の出来事の記述にあたり、その人物、あるいはその歴史的な出来事に含まれている多声性、解釈の多様性、そして、歴史的・文化的な意味を、なるべくナラティブのままに表出させるよう意図的にしていたということです。ある歴史人物を記述するにあたり、その人にまつわる民間での伝説や神話、ないしフィクションまで記述するのは、まさに、その人物についての解釈を多声的にさせたいからです。つまり、「史記」が語る歴史人物にまつわるストーリーとそのストーリーの記述の仕方からも司馬遷が歴史人物を固定観念的に捉えたくない、また、そう捉えられたくないという意図が窺えます。要するに、司馬遷は史料などに基づいて、歴史人物を多角的に多声的に理解し、分析を行い、また、それをストーリーのままに記述しようとしているのです。これがまさにナラティブ的に考えるということの意味でしょう。

　このような成り立ちをもつからこそ、何千年経っても、「史記」がさまざまな人にさまざまな角度から研究され、解釈されることが可能になったのでしょう。人類の経験をナラティブ的に考え、ナラティブ的に表出することは、オープンな理解と解釈の空間を作ることができ、人類の経験の本来の意味の豊かさを保有させることが可能なのです。

ここからも、ナラティブ・インクワイアリが強調する経験や語りをナラティブ的に考え、経験の意味をナラティブのままに表出することの大切さが分かります。これは、思考方法としてのナラティブ・インクワイアリの意味だと私は思います。

4.1.3　研究方法としてのナラティブ・インクワイアリ

　ナラティブ・インクワイアリは研究手法でもあります。研究方法の手順から言えば、データ収集、そして、データの分析、最後はリサーチテキストを書くという手順は他の研究方法とは違いません。

　データ収集について言えば、ナラティブ・インクワイアリでは、フィールドワークをしてもいいし、あるいはインタビューだけをしてもいいのですが、経験に焦点を当てるため、経験に関するものであれば、すべて研究資料にできます。例えば、写真、日記、インターネットで発表した文章、研究者と研究参加者と交換したＥメールなどが、すべて大切なデータとなります。そして、フィールドワークをする場合、フィールドでのすべての資料、ドキュメンタリ、ないしごみ箱に捨てられた紙屑すらも研究資料にすることが可能です。ですから、研究者としては、用心深く、経験とつながりがあるようなデータをすべて収集することが大切とされます。

　もし、フィールドワークをするなら、初心者として、まず、フィールドノーツの書き方という難題に出会うでしょう。私の経験に結びつけてみます。

4.1.3.1　フィールドノーツの書き方

　フィールドノーツの書き方については、いろいろな本でも紹介されています。時系列にポイントを書いたり、あるいは左に時間を書いて、右に出来事を書いたりするようないろいろな書き方が紹介されていますが、私の場合は、とにかく、フィールドノーツを出来事、つまり、ストーリーにして書いていました。その出来事、あるいはストーリーを書くためには、もちろん、観察と同時にメモを取ったりするのが不可欠でした。

　私がフィールドワークをしたとき、フィールドノーツの記入はいつも電車の中から始まりました。どういうことかというと、私がフィールドまで行くた

めに、いつも私の研究対象者である涼子さんと一緒に電車に乗っていったからです。1時間ぐらいの電車の旅も私のフィールドワークだったのです。仕事と関係のない雑談だから、研究には使えないだろうと思う方もいるかもしれませんが、案外、電車での雑談などは、研究の大事な資料になったのです。私の場合、涼子さんがとても親切でナラティブ・インクワイアリに理解のある方で、電車に乗ると、いつも私に「録音しないの」と促してくれたりしましたが、大事な話は、やはり頭で覚えていて、目的地の学校に着いたら、忘れないうちに、静かなところを探して、そこで、学校までの旅での話し合いを思い出して、フィールドノーツにとにかく、書いておきました。書き終わらないところがあれば、キーワードや話のポイントをとりあえず書いておいて、寮に帰った後に、録音などと聞き合わせて、フィールドノーツを書いていました。

　そして、教室で観察をするときも同じでした。私の場合、「参与的観察者」の役をしていたため、いつも学習者たちのグループワークにも参加していました。その時は、近くのことしか観察できませんでしたが、活動に参加する以外の時間も結構多くて、授業を聞いている学習者の様子を観察したり、涼子さんの話や学習者たちの反応などを自分のノートにメモすることに集中していました。とにかく、覚えられることをなるべくノートに書き、そして、帰る電車の中でもその日の授業を思い出して、あの話が面白かったとか、あのシーンが印象深かったとか、忘れないうちに、素早くノートにメモしておきます。そして、家に帰ったあと、その日のフィールドノーツの整理と書き直しに入ります。これは、結構大変な作業です。1時間半の授業のフィールドノーツを書くために、普通は、2日間かかります。でも、次の日になると、明らかに、記憶がぼやけてしまったり、記憶のストーリーのつじつまが合わなかったりしていました。その場合は、フィールドでのメモが大切なものになります。それを見ながら、再び記憶が蘇ったり、授業中のことをまたほぼ真実に近い状態で思い出したりすることができたのです。だから、フィールドノーツを書くポイントは、強力な記憶力とメモ、そして、なるべく、他のことに邪魔されないように、1人で集中できるような場所で、フィールドワークが終わって、なるべくその日に、遅くても次の日までに、その日のフィー

ルドノーツを全部書き終わるようにすることです。早い時点のフィールドノーツの整理と書き直しがフィールドノーツの質と覚えられる量を決めるポイントとなるわけです。

4.1.3.2　研究テーマを決めることの難しさ

　ナラティブ・インクワイアリの調査を行う場合、とても重要なポイントは、「研究者がフィールドで、他人のストーリーを聞き、探すのではなく、自分が経験するのである」ということです。要するに、研究者自身が調査を行うということは、研究のための情報あるいは資料を収集するのではなく、研究者が調査を始める時点では、経験の中に入り、経験を「生き始める」ことを意味することとなります。

　実は、フィールドワークをしたことのある人間なら分かると思いますが、フィールドワークに出て、最初に出会うのは、他人ではなく、自分なのです。フィールドにいる自分の気持ちはちょっと変だとか、自分がフィールドの人々にどう見られるかとか、フィールドでの自分を一体どういうふうに位置付ければいいかなどです。

　例えば、私は涼子さんの教室でフィールドワークをした最初の日に、自分について、次のような記述を記録していました。

【初日の授業で経験したこと】
　初日の授業で私は涼子さんの教室のいちばん端に座っていた。心では、自分が涼子さん、そして、今日初めて会ったこの9人の学習者たちと仲良くできるのかというそこはかとない不安を抱えながら、涼子さんの授業を観察しようとした。
　涼子さんに張さん（学習者の名前）と一緒に練習するようにと言われるまで、私はあまり居心地がよくなかった。というのは、皆との自己紹介的な会話が終わってから、私はずっと黙って教室の中の皆を観察し、自分のノートに何かを書いたりしていたからである。このような"下心"ある観察者としてフィールドに関わることに、私は居心地の悪さを感じた。私は自分がいることが、フィールドの人々にプラスになることを期待していた。しかし、

フィールドへの参与ができない以上、私は心理的に自分をなるべく小さくしようとした。皆の勉強を邪魔しないように私は極力"壁の蝿"でいようと途中から思った。

（李暁博 2004：42）

　研究方法としてのナラティブ・インクワイアリでは、このような研究者の「経験」が無視されるものではなく、むしろ、そもそも研究というものは、研究者を通してなすものだと考えられ、研究者と研究協力者がともにする時間と空間と出来事を「生きる」ことが研究対象であると考えられています。だからこそ、ナラティブ・インクワイアリをする際には、リサーチ・クエスチョンがややこしいものになります。

　他の質的研究方法と大体同じですが、ナラティブ・インクワイアリをするには、最初はやはり何らかのリサーチ・クエスチョン、あるいは研究関心と言ってよいものが研究者にはあるはずです。例えば、私は、最初涼子さんの教室でのフィールドワークを始める前に、そもそもなぜそのような研究をしたいのか、なぜ涼子さんの教室をフィールドにしたいのかについて、リサーチ・クエスチョンを立てていました。それは次のようなものでした。

① 外国人学習者が日本で生活や勉学のために、日本語教室という場で日本語を学ぶ際、何が起こっているのか。
② 「教授」と「学び」という行為が行われる教室において、教師と学習者はそれぞれどのようなことを考え、どのようなことに悩んでいるのか。その要因は何なのか。
③ 教師と学習者の考えと悩みはお互いの関わりの中でどのように変容していくのか。
④ それは教室での教師の成長と学習者の学びにとって、どのような意味をもっているのか。

　しかし、私にナラティブ・インクワイアリの特徴が分かり、そして、本格的に、研究協力者とともにする時間と空間と出来事を「生きる」ようになると、

最初のリサーチ・クエスチョンが当然とも言えるように、きれいに消えてしまったのです。なぜなら、私は、ある問題を解くために、あるいはある課題を解決するために、ナラティブ・インクワイアリをしたのではなく、私にとって、研究協力者とともに時間と空間と出来事を「経験」すること、そして、その中に含まれている意味を探求することが目的になったからです。経験だから、これから何が出てくるかは、最初から分かるはずがありません。研究が進めば進むほど、自分が一体何のために研究をし、何をテーマにしているのかという問題が分からなくなってくるからです。研究の中で迷子になるということはよくあります。

　このようなことを、ナラティブ・インクワイアリでは、「流体的な探求」(fluid inquiry) (Schwab (1956、1960、1978)、Clandinin & Connelly (2000)) だと名づけられています。

　「流体的に探求する」とは、Schwab の定義によれば、研究者は理論や方法論的技法などに支配されることなく、「探求」しながら、「探求」の不適切さ (inadequacies) と限界性 (limitations) を常に発見し、修復することです (Schwab 1978：217–218)。

　ナラティブ・インクワイアリでは探求する対象 (phenomena)、つまり、「何を探求するか」が不確かなため、研究者にできることは、探求の過程を通して、探求する現象を「絶えず、探す」("re-search") ことである (Clandinin & Connelly 2000：124) とされています。

　私の涼子さんとの研究の場合もそうでした。

　私は最初、「教育」と「教師」の意味について理解しようとして、研究を始めました。しかし、フィールドに入ってから、私はまず「研究者」としての「自分」のストーリーに出会いました。私はフィールドにいる自分をどのように位置付ければいいか分からなくなり、そして、自分が一体何について研究しているのか、自分のリサーチ・クエスチョンは何なのかということも分からなくなりました。フィールドにいる時の私は、研究したい「ある現象」について「調査をしている」という意識を持ったことがありませんでした。私にあった意識は、まさに、Phillion (2002：145) で言われている "Engaging in a narrative inquiry in a classroom is learning from being in the midst of an unfolding story."（訳：教室でナラティブ・インクワイアリに取り組むということは、どんどん展開していく物語のただ中にいて、そこから学ぶことなのだ。）ということでした。私はとにかく、フィールドの中で起きているストーリーの中で「生き」、それを一生懸命理解しようとしていました。

　したがって、研究の途中で、私は人に自分の「研究目的」と「研究課題」について聞かれるたびに、困っていました。途中、私は自分の研究について、何回かの発表もしました。その時点の私は自分の研究を「一人の日本語教師の実践」、あるいは、「実践の中の知識」についての研究だとしか言えませんでした。私は自分が研究している現象を大まかに「〜について」としか定義できませんでした。というのは、その時点では、私は「どんどん展開していく」ストーリーの中身についても、形についても、分かりようがなかったからです。

　なぜこうなるかというと、ナラティブ・インクワイアリにとって、明確なリサーチ・クエスチョンを立て、研究テーマに沿って研究を行うよりも、研究者にできることは、経験を語り、再び語り直すことであるからです。この語り、再び語り直すという過程は、実は、ナラティブ・インクワイアリのデータ分析の段階とリサーチテキストを書く段階を貫いています。研究テーマについて言えば、つまり、ナラティブ・インクワイアリでは、最初からはっきりとした研究テーマを持つことがそもそも不可能で、それが見出されてくるようになるには、研究者は最初のデータ収集段階を経て、データ分析の段階、ないしリサーチテキストを書く段階までを経て初めてできることかもしれません。

4.1.3.3 「三次元」の中でのデータ分析

　データ分析とリサーチテキスト作成に関して言えば、ナラティブ・インクワイアリが他の質的研究手法ともっとも異なる特徴は、「三次元」の中で行うということです。なぜなら、ナラティブ・インクワイアリがすることは他ではなく、ナラティブあるいはストーリーの中に含まれている「意味」を見出すためだからです。と同時に、「語る」行為そのものが、意味を生成することにもなります。そのため、ナラティブ・インクワイアリのデータ分析は、

ある特定のデータをある分析手順や手法を踏んでできることではなく、むしろ、ストーリーが起きる「時間・場所・関係」が織りなす三次元の中で意味を探求することです。これがいわゆる、データを「生きる」という意味です。そのため、ナラティブ・インクワイアリのデータ分析にとって、「三次元」（Three-dimension）が大事な概念になります。

　「三次元」というのは、「経験」というものには必ず備わっている「場」、「時間」と「インターアクション」の3つの要素のことを言います。

　まずは、置かれる場（situated within place）です。人類の「経験」や「ナラティブ」、そして、ナラティブ・インクワイアリをすること自体のどれもが、ある特定の場所で起きています。例えば、教師の実践的知識を研究する場合、教師の実践はどのような場において起きているか、つまり、その学校はどのような地域にあり、学校の中はどうであり、教室の中はどうであるかなどがすべて経験の形成に影響を与え、ナラティブ・インクワイアリをする場合、経験についての記述と意味の探求は、このような経験の発生している場との関係を無視してはならず、それについての記述と探求も必要となるという意味です。

　例えば、私は涼子さんに対して行ったナラティブ・インクワイアリの中で、「場」に関して、どのように記述し、また、その意味の探求をどのようにしたのかを見てみましょう。

　まず、ナラティブの起きる場所である「ABC大学」のキャンパスについて、次のような記述をしました。

　　門をくぐると、両側に覆いかぶさるように枝を伸ばした青い並木が続いている。キャンパスを貫くまっすぐな道に出る。道の両側にはどの大学にも見られるように、たくさんの自転車がずらりと並んでいる。これがABC大学のメインストリートである。ABC大学はそれほど大きくないのだ。このメインストリートから少し離れ、左手に大きな砂色のグラウンドがある。グラウンドで走っている男子学生の姿が目に入る。そして、もう少し入っていくと、道の左側に3、4棟5階建ての建物が立っている。ABC大学の教室と事務室などがその中に入っている。キャンパスの中に入ると、大学生

の姿が目に入る。キャンパス内を歩いているのは女子学生が圧倒的に多く、皆とてもおしゃれにしている。メインストリートを少し歩くと、紺色の4階建ての学生課の入った建物のところにくる。涼子さんの非常勤講師室に行くために、この4階建ての学生課のビルの前を左に曲がる。学生課のビルの前を曲がると、もう1つの大通りが目に入る。しかし、この大通りに入ると、今まで歩いてきた道とはまったく違う風景になる。さっきのメインストリートは他の大学にもありそうな道であるが、この大通りはABC大学にしかない風景かもしれない。この大通りは教室などが入っている講義棟ビルの前にある。3、4棟のビルの廊下はこの大通りに面している。講義棟側の大通り沿いに、丸くて白い石のテーブルが並び、それぞれの周りに、同じ素材の白い椅子が4つずつ置かれており、大通りに沿って続いている。そして、テーブルごとに、ビーチにあるような白くて大きいパラソルがテーブルの真ん中から突き立っている。それはテーブルと同じく、大通りに沿って続いている。このずらりと続いている真っ白なテーブル、椅子、パラソルはABC大学のキャンパスを、上品に優雅に彩っている。時々、いくつかのテーブルに2人か3人ずつ女子学生が座り、携帯電話を触ったり、何かを話したり、ボーッとしていたりする。この大通りを歩いている学生は多い。女子学生たちは2、3人ずつ、話しながら歩いていく。中に、髪型から、持ち物、服装まで、ファッション雑誌から抜け出したようなおしゃれな学生がいる。街で流行りのファッションがABC大学のキャンパスでは分かる。大通りを歩いていく女子学生の中に、時々、中国語を話すペアもいる。だが、中国語を聞くまでは、彼女たちが中国人なのか日本人なのかは分からないぐらいに、「現代っ子」が多い。

　では、なぜこのような記述をしたのでしょうか。ABC大学のキャンパスという「場」を記述した際、何を意味のある「場」だと考えればいいのかを考えた際に、私の頭にあったのは、「ABC大学らしい」というところでした。それは、中国人研究者としての私の注意を引き付けたところです。要は、ABC大学のキャンパスと中国の大学との異なるところ、あるいは、他の日本の大学のキャンパスとの違うところです。それは、つまり、ABC大学のキャンパ

スの独特なところだと言えましょう。例えば、あの「ビーチにあるような白くて大きいパラソル」、真っ白なテーブル、ファッション雑誌から抜け出したようなおしゃれな学生、中国語を聞くまでは、彼女たちが中国人なのか日本人なのかは分からない「現代っ子」的な中国人大学生などです。この記述から、読者の頭には、ABC大学に対しては、少なくとも、「おしゃれ」、「現代的」、「金持ち」「勉強中心じゃない」などのイメージが得られるでしょう。この「場」の意味は、その後記述したナラティブの意味とは、密接な関係を持っているのは言うまでもないことです。なぜなら、このような「場」にはきっとそれにふさわしいナラティブとそれなりの意味があるからです。

　要するに「場」には、それなりの意味、あるいは、これから展開していくストーリーの意味というものが込められています。

　2つ目は時間的な連続体（past, present, and future）の概念です。これは経験をストーリー、そして、ナラティブとして捉える際にとても大切な概念です。どの経験も必ず時間という要素を持っています。このような時間的特性を持っているナラティブを理解し、記述し、意味を探求する際には、過去、現在、未来の間を行ったり来たりしてシフトすることが大事です。

　では、ナラティブの生成過程、あるいは分析過程において、時間的連続体という要素をどのように考えればいいのでしょうか。李暁博（2004）の「ざわざわとした」教室の例を挙げましょう。研究者としての私が、涼子さんの「ざわざわとした」教室のストーリーを記述し、そして、それにはどんな意味があるのかを考えた際に、まず、涼子さんはなぜこのような「私語が多くて、ざわざわした教室」が許せるのかという疑問が頭に浮かびました。この疑問を解くために、私は私が収集した「涼子さん」に関するデータに戻り、それを繰り返して読んでいくうちに、涼子さんの教師としての教育ビリーフ、「私は教室での教師の権威を避けたい」という語りが私の目を引き付けました。では、なぜ涼子さんにはこのような教育ビリーフがあるのでしょうか。この疑問を持ち、涼子さんに関するデータを読んでいくうちに、涼子さんのライフストーリーというストーリーラインが頭に浮かびました。それは、彼女自身の外国語勉強経験、アメリカでの留学経験、そして、韓国で日本語を教えた経験という「過去」が、「今現在」に生きているということでした。これに気

づいたときに、涼子さんの「ざわざわとした」教室というナラティブの意味を理解するには、彼女の人生経験という「時間的連続体」においてしか考えることができないと考えました。

　これはもちろん典型的な例となりますが、実際のところ、最終的なリサーチテキストから、読者がナラティブの「時間的連続体」というものをあまり読み取れなくても、研究者がデータを分析する際には、ナラティブの時間的意味を常に頭におかなければなりません。

　3つ目はインターアクションです。インターアクションは個人と社会（personal and social）の関係のあり方を指します。これを Clandinin & Connelly は違うところで、inward と outward というキーワードを使って説明しています（Clandinin & Connelly 1994）。Inward というのは個人の内面的な状況、例えば、感じ、希望、美学的反応、精神的な傾向などを指し、Outward は実存的な状況、環境のことを指します。つまり、経験やナラティブを記述し、理解する際に、その経験の個人的な意味だけではなく、それが持つ社会性、関係性をも考慮し、記述し、探求することが大切であるということです。どの個人も独立した個人でないのと同じように、どの経験も人間関係、文化、歴史、社会から独立させることはできず、その中に織り込まれている文化的、社会的、歴史的、人間的意味を見出し、記述し、意味を探求することが大切です。例えば、呉（2005）の中国の大学教師としての自分の経験を振り返っているナラティブの中に、このような記述がありました（以下は筆者の言葉でまとめた意味）。

　　　毎週木曜日の午後、学院で行われる会議に参加するときに、研究室では元気だった自分が、この会議に参加するときは、定番と言ってもいいぐらい、必ず研究室に捨てられている古い新聞紙や雑誌を手にし、会議室の一番最後の列に座り、古い新聞か雑誌を読むようにしていた。（呉 2005）

　呉はなぜこのような記述をするのでしょうか。ここから、少なくとも、次のような意味が読み取れます。それは、中国の大学で行われている大切な会議は、教師の発達を促進するようなものとは全く結びついてないということでしょう。そして、一教師として、このような会議に参加するのに何も興味

がないながらも参加しなければならないということも読み取れます。この短い記述から、読者は、中国の大学文化の1つとしての会議が形式だけのものであるということを垣間みることができるでしょう。ナラティブのインターアクション性というのはこのような力を持っているものです。

　ストーリーを分析する段階においては、研究者はストーリーに含まれている社会的・文化的な意味を常に考えなければなりません。

　付け加えなければならないのは、「三次元」というのは、ただデータ分析の段階ではなく、ナラティブ・インクワイアリをする全過程、つまり、フィールドにいるとき、フィールドテキストを書くとき、リサーチテキストを書くときを貫くということです。例えば、経験を観察するときやフィールドノーツを書くときには、すべての経験が「三次元」の中において起きていることを念頭に入れて、データ収集を行い、フィールドノーツを書くことが大事です。とりわけ、データ分析とリサーチテキストを書く段階においては、「三次元」という要素が特に大事になります。

4.1.3.4　リサーチテキストの作成

　ナラティブ・インクワイアリでは、データの分析とリサーチテキストの作成という2つのステップが密接な関係にあります。皆さんに理解してもらうために、「データの分析」という慣用的な言葉を使っていますが、実は、ナラティブ・インクワイアリでは、分析とリサーチテキストの作成とは、多くの場合、重なる研究手順になります。どういう意味かと言いますと、データを分析する過程は、結局、ストーリーを書いて、また書き直す過程であるため、書き、書き直すという過程は、多くの場合、リサーチテキストを書く過程となります。なぜこうなるかと言いますと、ナラティブ・インクワイアリをするということは、本質的には、フィールドの他人のストーリーを探して分析することではなく、結局、「研究者としての自分がフィールドでの経験を生き、再び生き直し、そしてストーリーを語り、語り直す」過程だからです。要するに、データの分析も、リサーチテキストの作成も、結局、ストーリーを経験し、語り直すことになります。言い換えると、ストーリーの真ん中に身を置くしかないですから、区切りをつけることが、実は難しいです。

また、もっとややこしいことには、データの分析とリサーチテキストの作成過程と、研究テーマの焦点化の過程とが重なることも多いです。これは、研究方法として理解してもらうには、とても厄介なことになります。特に、頭の中に、「研究設問→研究テーマ→調査→データ分析→論文の作成」という一方通行的で、はっきりとした研究手順のイメージしか受け入れられない人間にとっては、少々分かりづらいかもしれません。

　しかし、ナラティブ・インクワイアリの「リサーチテキストの作成」ということを説明するには、このような「書き直す」過程を説明しなければなりません。

　前節の「データ分析」というタイトルの元で、「三次元」の中でのストーリーの分析とデータの分析の過程においては、「三次元」という要素が重要な役割を果たすことについて書きました。つまり、研究者がナラティブの記述と意味の理解をしているときに、そのナラティブの持つ場的意味、時間性、インターアクションに含まれている社会的、文化的意味を同時に考慮し、この「三次元」の中でナラティブを語り、語り直していくのです。これが実は、リサーチテキストの作成過程になりますし、だんだんと研究テーマの焦点化をもたらしてくることにもなります。

　これを理解してもらうために、繰り返しになりますが、私が書いていた涼子さんの研究例をあげましょう。

　私の場合も、分析とリサーチテキストを書く段階では、「三次元」の中で、「フィールドテキスト」を何回も読み返し、涼子さんのストーリーや私のストーリーを少しずつ「リサーチテキスト」として書き、また書き直していく過程の中で、少しずつ「経験」の意味が読み取れるようになり、だんだんと「研究目標」というものが明らかになっていたのです。

　例えば、最初は、私は涼子さんの教室内での実践知識だけに注目し、「カリキュラム」という用語をキーワードに、涼子さんの実践をまとめようと考えていました。しかし、涼子さんの教室内での実践知が彼女の生きてきた人生の経験などと深く結びついていることに気づき、つまり、涼子さんの経験の意味の理解に「時間性」という要素を付け加えると、私は、「カリキュラム」だけでは捉えることができず、涼子さんの「教育ビリーフ」という観点から

解釈しようとしました。しかし、リサーチテキストを書き、また書き直していくうちに、私は、「私」のフィールドでの経験の探究を通して、研究者としての「私」のストーリーがフィールドという風景（landscape）と密接に関連していることが分かりました。さらに、「私」のフィールドでの経験の探究がナラティブ的にしかできないのと同じように、涼子さんのストーリーの探究も彼女の属している「専門的な知識の風景」からナラティブ的にしなければならないことに気付きました。

　そこで、その後、私は涼子さんのストーリーを、涼子さんの専門的知風景という視点から、もう一度書き直しました。そして、フィールドテキストからリサーチテキストに書き換えるとき、私の頭の中では、分析のための概念や一定のカテゴリーに沿うことはありませんでした。私は、涼子さんの実践に影響するさまざまな複雑な人的、社会的、文化的要素を視野に入れながら、自分のフィールドテキストにある「ストーリー」を追ってきました。「専門的な知識の風景」という考えがあったから、ナラティブの社会性、文化性などが自然に流れてきたのです。

　もちろん、フィールドのすべてのストーリーをリサーチテキストとして、最終的な論文に書くことはできないし、必要もありません。どのストーリーをリサーチテキストとして使うのかは、研究者が取捨選択をしなければなりません。取捨選択の基準はやはり「研究目標」というものです。もちろん、（仮の）リサーチテキストを書き直しているうちに、「研究目標」というものがはっきりとしてくる場合が多いですが、「研究目標」がはっきりとしてから、もう一度、データに戻り、ストーリーを読み返し、分析を行い、ストーリーを書き直すことになります。要するに、リサーチテキストの作成過程と分析過程と研究テーマの焦点化という3つの段階を往復しながら、最終的なリサーチテキストができるわけです。

　以上、私の研究体験に基づいて、研究手法としてのナラティブ・インクワイアリについて書いてきました。しかし、これは、あくまでも、私個人のナラティブ・インクワイアリに対する理解で、しかも、私自身の研究経験に基づいた上での研究手法です。ナラティブ・インクワイアリの1つの特徴は、どの人も自分なりのナラティブ・インクワイアリを生きることができるという

ところです。経験が人によって違うからです。なので、ナラティブ・インクワイアリのデータ分析にしても、リサーチテキストの作成にしても、特定の枠はないし、ある分析手順を踏んで行えばできるものではありません。各研究者が、ナラティブ・インクワイアリの本質を分かり、そして、「三次元」の中で自分なりの研究手法を生きていけば、ナラティブ・インクワイアリの可能性もどんどん広がっていくのではないでしょうか。

4.2　そもそも何のためにナラティブ・インクワイアリをするのか?

　最後の問題ですが、そもそもわれわれは何のために、ナラティブ・インクワイアリをするのでしょうか。もちろん、ある経験に対する理解を深めたいためだと言ってもいいでしょう。ですが、ナラティブ・インクワイアリをする究極の目的はただ理解のためにあるのではありません。それは「ナラティブ・インクワイアリをして、あなたの生活に学びと変化と成長が起きているかどうか」というところにあります。ここでの「あなた」というのは、少なくとも研究者、研究参加者、そして、リサーチテキストが発表され、それを読む読者たちを含めることができます。ナラティブ・インクワイアリをして、学びと変化と成長ができる前提としては、「反省」というキーポイントを強調しなければなりません。まず、研究者がナラティブ・インクワイアリを反省的に行うことが大事です。反省的に行うというのは、ナラティブや経験に対して、常に反省的に考え、そして、反省的に記述し、また、その意味を探求することです。例えば、私は涼子さんのナラティブを記述し、意味を探求する過程で、自分の教師としての経験や知識などというものが常に思考の過程に飛び込んでいました。自分の経験と理解との比較と違いを念頭に置きながら、それを記述し、意味を探求した結果、自分にとっては新たな発見となり、学びとなった結果でもありました。これをするには、研究者として、とにかく、「忠実に」経験と自分の感情に向き合い、「自然のままに」記述することです。研究者が忠実に経験と自分の感情に向き合えば向き合うほど、研究参加者も読者も自分の経験を反省的に蘇らせることができるわけです。だからこそ、素晴らしいナラティブ・インクワイアリの特徴の1つは、人の心にタッチし、

同感や反省を呼び起こすことができる作品であるということなのです。私は、決して自分の研究が素晴らしい作品だと言うつもりはありませんが、私は中国に戻り、涼子さんのナラティブ・インクワイアリを中国語に書き直し、本として出版しました。パラディグマティックな思考モードで、客観性や代表性を常に問う中国の学術界において、一定数の現場の教師たちにだけではなく、一定数の学者からも好評をいただいているのは、他でもない、涼子さんのストーリーに心が触発され、感動と反省を得たからではないかと思います。このようなことがあるからこそ、ナラティブ・インクワイアリの最初の発祥は教師発達や教師教育の分野からだったのでしょう。

（李暁博）

参 考 文 献

李暁博（2004）「留学生を対象とする日本語教育における教師の専門知：実践の中の教師の学び・変化・成長についてのナラティブ的探求」 大阪大学文学研究科博士論文

Aoki, Naoko. (2010) Teacher Anxiety Revisited: A Permeating Sacred Story. 『阪大日本語研究』22：pp.1–10.

Carter, Kathy. (1993) The Place of Story in the Study of Teaching and Teacher Education. *Educational Researcher*, 22 (1): pp.5–12.

Clandinin, Jean D. and Michael F. Connelly. (2000) *Narrative Inquiry: Experience and Story in Qualitative Research*. Sans Francisco, CA: Jossey-Bass.

Clandinin, Jean D. (1985) Personal Practical Knowledge: A Study of Teachers' Classroom Images. *Curriculum Inquiry*, 15 (4): pp.361–385.

Clandinin, Jean D. and Michael F. Connelly. (1994) Personal Experience Methods. In Norman K. Denzin and Yvonna S. Lincoln (eds.) *Handbook of Qualitative Research*, pp.413–427. Thousand Oaks, CA: Sage.

Connelly, Michael F. and Jean D. Clandinin. (1988) *Teachers as Curriculum Planners: Narrative as Experience*. New York, NY: Teachers College Press.

Connelly, Michael F. and Jean D. Clandinin. (eds.) (1999) *Shaping a Professional Identity: Stories of Educational Practice*. New York, NY: Teachers College Press.

He, Fang. M. (2002) A Narrative Inquiry of Cross-cultural Lives: Lives in the North

American Academy. *Journal of Curriculum Studies*, 34 (5): pp.513–533.

Phillion, Joan. (2002) *Narrative Inquiry in a Multicultural Landscape: Multicultural Teaching and Learning*. London, UK: Ablex Publishing.

Schwab, Joseph J. (1956) Science and Civil Discourse: The Uses of Diversity. *Journal of General Education* 9: pp.132–143.

Schwab, Joseph J. (1960) What do Scientists do? *Behavioral Science* 5: pp.1–27.

Schwab, Joseph J. (1978) Science, Curriculum, and Liberal Education. In Ian Westbury and Neil J. Wilkof (eds.) *Selected Essays*. Chicago, IL: The University of Chicago Press.

吴宗杰（2005）『教师知识与课程话语』. 北京：外语教学与研究出版社.

朱光明・陈向明（2008）「教育叙述探究与现象学研究之比较：以康纳利的叙述探究与范梅南的现象学研究为例」『北京大学教育评论』6（1）：pp.70–78.

吴宗杰・张崇（2014）「从《史记》的文化书写探讨"中国故事"的讲述」『新闻与传播研究』5：pp.5–24.

- - - - - - - -

注

i——ここでの「ライフ」は英語の「life」であり、日常生活だけではなく、時間軸に沿って生きる「人生」という意味も含みます。

「学習者の声を聞く」こと

　私は日本語学校で働いていたとき、「日本語学校で学ぶ就学生の経験」を理解するために、現象学的アプローチを用いて研究をしました。

　当時、私は日本語教師になって4年目でした。ちょうど社会的には留学生や就学生の受け入れが進み、日本に来る学習者、特に中国からの学習者が急激に増え始めた時期でした。

　私が勤めていた日本語学校でも学習者が増え、1クラス20名を超えるクラスになりました。そのような中で「やる気がない学習者」が目につくようになりました。この「やる気のなさ」は授業中にやる気を見せないということのほかに、私語、欠席、カンニング、教科書を買わないなどさまざまな形で現れました。私は教壇に立ちながら、「なぜ彼らはわざわざ日本に留学に来ているのに、こんなにやる気がないのか」「そもそも本当にやる気がないのか」「教師や学校に問題があるのか」とさまざまなことを考えました。このような日々を過ごすうち、「彼らにとって日本や日本語学校とはいったいどのようなものなのだろう」と知りたくなりました。そこで、協力者になってくれた学習者にインタビューを行い、その「経験」を理解しようと思いました。

　私が現象学的アプローチで研究を行ったのは、教師側ではなく、学習者の目線で彼らの経験がどのようなものかを知りたかったからです。現象学的研究では、各個人がどのように経験し、生活し、そしてどのような現象が現れているかを見ながらその経験の意味を探します。分析の際には、出来事を経験した人にとっての意味という点から記述しなければなりません。つまり聞

き手は自分の判断を停止する必要があります。聞き手は自分の先入観や考え
をいったん「括弧」に入れて、インタビューや記述をするように心がけなけ
ればなりません。私の研究目的は「学習者一人一人の経験を理解する」とい
うものだったので、このアプローチをとりました。ですが、教師という自分
の立場や考えをいったん「括弧」に入れて学習者の経験を理解するというこ
とには難しさもありました。例えば、インタビューの際は、語ってくれたこ
とに対して、教師としての自分の先入観や思い込みが入った質問をしていな
いか、同様に分析を行う際、あるいは記述を組み立てていく際にも、自分の
解釈や判断を「括弧」に入れることができているかどうかなど常に自分に問
いかけながら進めていかなければなりませんでした。

　この研究を通して、日本語学校という場所のとらえ方、親、教師との関係、
アルバイトや対人関係の悩み、日本での生活の疲れやストレスなど実にさま
ざまなことが複雑に絡み合って学習者の「やる気」に影響を与えていること
がわかりました。そしてそう考えたとき、教室の中でだけ学習者を見て「や
る気がない」と教師が判断することがいかに学習者の不信感を招くものであ
るかということにも気づきました。

　私は今、大学で留学生の授業を担当しています。中には日本語学校時代と
同様に学習者が20名以上のクラスもあります。ですが、この研究を通して学
んだ「学習者の声を聞く大切さ」を忘れないようにと常に自分に言い聞かせ
ています。そのために、授業中できるだけ教室内を回って、学習者一人一人
に声をかけることを実践しています。それによって私は学習者の学びや考え
を知ることができ、学習者も個々で聞きたいことが聞ける、あるいは言いた
いことが言える場ができます。教師としての先入観や思い込みをできるだけ
払拭し、学習者が学びやすいと思える環境を作っていくこと、これが教師と
しての私の役割だと考えています。

（嶋本圭子）

第5章

エスノグラフィー

5.1 エスノグラフィーという研究方法

　エスノグラフィーという研究方法に関心のある方、あるいは、これからエスノグラフィーで卒業論文や修士論文を書きたいと考えている方、どのような理由から、エスノグラフィーを選ばれたでしょうか。あるいは選んでみたいと思っているでしょうか。ぜひ、この質問をご自身に聞いてもらいたいと思います。なぜなら、研究方法との出会いは、自分の研究との出会いであり、自分の研究への姿勢を作っていくものの1つであると考えるからです。

　エスノグラフィーは、その始まりとされている研究から100年近く経ち、実にさまざまなエスノグラフィーが生まれています。そのため、現在、「エスノグラフィー」という名称は、ただ1つの研究方法を指すというより、包括的な用語（umbrella term）として使われています（Snell, Show and Copland 2015、Park 2014）。

図1 | umbrella term
　　（Park 2014を参考に筆者が作成）

さまざまなエスノグラフィーが生まれた理由は大きく2つあると考えます。1つ目は、後述するように、縦軸として、歴史的な世界の流れや哲学的潮流の変遷によるエスノグラフィーの広がりがあり、横軸として、エスノグラフィーを扱う研究分野や理論的枠組みの広がりがあるためです。2つ目は、研究を行う際、実際には、さまざまな調査方法を用いるということがあるためです。例えば、エスノグラフィーという研究方法を用いて調査を開始する際、研究の協力者の方にインタビューをして、その方のライフストーリーを聞くこともあるでしょう。あるいは、あるグループやある教室の様子などをケーススタディーとして見ていくこともあるでしょう。あるいは、書かれた手紙や書類、話された内容、写真などをナラティブとして扱うことも可能です。このように、エスノグラフィーは質的研究と同義である（Brewer 2000、Denzin and Lincoln 2003、Gubrium and Holstein 2008）という主張もここから生まれたと言えるでしょう。また、エスノグラフィーと同様によく使われる用語として、エスノグラフィック（ethnographic）がありますが、例えば、応用言語学のジャーナルである *Applied Linguistics* のホームページで「ethnographic」を検索すると266件がヒットしますが[i]、それは「ethnography」の195件を上回っています。これは、参与観察という手法を使うことで、「エスノグラフィックな研究」としているためで、このようなことも、エスノグラフィーが包括的な用語であると言われる理由の1つだと言えるかもしれません。

　したがって、エスノグラフィーが何かと問われた際、すべてに当てはまるような、1つの定義を述べることは大変難しいことです。しかし、実際にどのような研究がエスノグラフィーと呼ばれるのか、この章で見ていきたいと思います。

　さて、ある研究方法を知るには、以下のようなことを整理しておく必要があります。

（1）どのような考え方から、その研究方法が生まれたか
（2）どのようなことを明らかにするための研究方法か
（3）研究することによって、どのようなことを目指すのか

これらを整理することによって、その研究方法が自分の研究に適した方法かを見ることができます。では、以下で見ていきましょう。

（1）どのような考え方から、その研究方法が生まれたか

　研究方法の始まりを知ることにより、その研究方法がどのような疑問から出発したか、そこに、どのような時代背景や理論があり、その時の理念や考え方はどのようなものであったか、を知ることができます。また、現在までの間に、どのような影響により変化していったかを知ることも大切です。このことは2節の「エスノグラフィーの広がり」で述べていきます。

（2）どのようなことを明らかにするための研究方法か

　研究方法を選ぶとき、最も大切なのは、おそらくこの点だと思います。ある人が生活する現実の世界を見て、そこで何が起こっているのか、何がやりとりされているのかを見る方法なのか、語りを聞いて、その人の世界や経験を見る方法なのか、また、あるグループの中で、どのように意味や文化が構築されていくのかを見る方法なのかなど、その研究方法の特徴を見ることによって、どのような研究に向いているのかがわかります。このことは、3節の「エスノグラフィーの特徴」で述べていきます。

（3）研究することによって、どのようなことを目指すのか

　私たちが研究対象とする教育、言葉、学習の世界では、どのようなことを明らかにすることが求められるのでしょうか。研究の目的は研究者によってさまざまですが、筆者が考える研究の目的は、結論を論文に書いてどこかに残すことではなく、その結論を教育実践に生かす、社会の課題を解決する、あるいは協力者の世界に還元するなどのゴール（Maxwell 2005）へ向かうことだと考えます。このことは4節の「エスノグラフィーを選ぶ理由」で述べていきます。

　以上、3つのことに留意して、エスノグラフィーの扉を開けて行きましょう。

5.2 エスノグラフィーの広がり：どのような考え方から、その研究方法が生まれたか

　エスノグラフィーという名称は、研究方法のことを指しますが、また同時に、本や論文など、その調査によって書かれたものの両方の意味で用いられます（Denzin 1997）。ですから、エスノグラフィーという研究方法で調査を行い、エスノグラフィーを書くという言い方ができます。では、研究方法としてのエスノグラフィーはどのようなものなのでしょうか。エスノグラフィーは包括的な用語（umbrella term）であると、先に述べましたが、その傘の先端からどのように広がっているのかについて、図2を使って述べていきます。

図2｜エスノグラフィーの歴史的背景と広がり

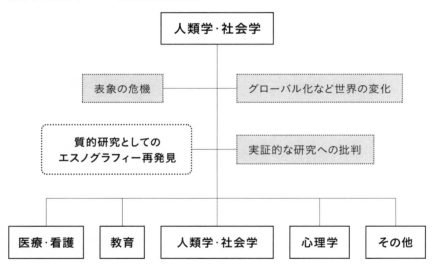

　まず、エスノグラフィーの縦軸の広がりを見ていきましょう。エスノグラフィーを最初に研究方法として用いたと言われているのは文化人類学と社会学です（LeCompte et al. 1993、Denzin and Lincoln 1998）。文化人類学のエスノグラフィーは、研究者がいわゆる「未開の地」に出かけて行き、民族の血縁関係や言語、儀式などに焦点をあて、「異文化」を記述する方法として用いられまし

た。フィールドワークの祖といわれるマリノフスキーのトロブリアンド諸島の研究が出版されたのは1922年です。一方、社会学においては、1920年から1930年にかけてシカゴ大学の社会学者が、シカゴという都市の中のあるローカルな社会、例えば簡易宿泊所やスラムなどで、グループの構造や規範、メンバーの社会的役割などを記述する方法としてエスノグラフィーを用いました。

しかし、やがて、植民地時代の終焉やグローバル化による日常的な人の移動などによって、純粋な「異郷」や「異文化」という境界が曖昧になるなど、世界の状況は変わっていきました。そして、*Writing Culture*（Clifford and Marcus 1986）により、伝統的なエスノグラフィーは「turn」（転換期）を迎えたと言われています（Atokinson et al. 2001）。この転換期は、図2にある「表象の危機」と呼ばれました。「表象の危機」とは、「エスノグラフィーでは、研究者はフィールドで収集されたデータを分析し、そこに存在する現実世界を知ることによって、その世界を把握できたとみなし、テキストを書くとされているが、書かれたものは対象者の現実、対象者の生きられた経験ではなく、研究者が研究者の生活世界であらかじめ持っていた知の枠組みで、一方的に書いた単なる創作活動に過ぎないのではないか」（Denzin 1997：4）という批判です。これは、研究者が書いたものは、調査された対象者の現実ではなく、「旅日記」や「ジャーナル」などのような創作活動であり、科学的研究ではないという指摘です。つまるところ、「表象の危機」が示したのは、事象と記述の不一致という、研究の妥当性や調査の信頼性の問題であり、エスノグラフィーだけでなく、質的研究全般に共通した理論的・哲学的課題であり、その意味で*Writing Culture*はパンドラの箱を開けたと言えるかもしれません。

しかし、一方で、同じ時代にポストコロニアリズムやポストモダニズム、フェミニズムなどの台頭があり、社会科学における科学的・実証的研究そのものが問われる動きが起こりました。研究の根幹となる認識論や存在論が問いなおされるとともに、エスノグラフィーが捉えるのは、多様なリアリティであること、また、研究者が捉えられるのは、部分的真実（Goodall 2000）でしかないという立ち位置に立つことによって、解釈的理解を目指す質的研究方法の1つとして再発見されることになります。そして、図2に示したように、

文化人類学や社会学だけでなく、他の分野でも用いられることにより、横軸の広がりを見せていきます。現在では、さまざまな学問分野が質的研究方法としてのエスノグラフィーを採用し、医療や看護、教育や心理学といった分野の研究方法へと発展していきました。また、図にはありませんが、もう1つの横軸の広がりは、エスノグラフィーの背景となる理論や哲学、研究方法の違いによる広がりです。例えば、エスノグラフィーで何が捉えられると考えるのか、研究者の位置付けや研究者と協力者の関係とはどのようなものか、またどのようなスタイルで研究していくのかなどのパースペクティブの違いにより、表1のようなエスノグラフィーが生まれました。

表1｜理論や方法の違いによるエスノグラフィー

理論の違いによるエスノグラフィー	方法の違いによるエスノグラフィー
・批判的エスノグラフィー ・フェミニストエスノグラフィー ・解釈的エスノグラフィーなど	・オートエスノグラフィー ・ビジュアルエスノグラフィー ・フォーカスエスノグラフィー ・参加型エスノグラフィーなど

このように、エスノグラフィーは、その誕生から、時代の潮流や哲学的理論の変化を受け、さまざまに広がっていったわけですが、表1であげた方法論の広がりや多様なエスノグラフィーは、「表象の危機」とその後のエスノグラファーの「もがき」がもたらしたものなのかもしれません。

以下では、質的研究方法としてのエスノグラフィーの特徴について、考えていきましょう。

5.3 エスノグラフィーの特徴：
どのようなことを明らかにするための研究方法か

エスノグラフィーは「字義的には人々についての記述」（アングロシーノ 2016：1）を意味します。厚い記述（Geertz 1973：3）が重要といわれるのもそのため

だと思われます。しかし、先に述べたように、広がりを見せたエスノグラフィーは、さまざまな人がさまざまな立場から定義をしているため（Atkinson et al. 2001、Brewer 2000、Creswell 1998、Harklau 2005）、先行研究を参考にしながら、ここでは、「どのくらいの期間」、「どこで」、「どのように」、「何を」、「どうする」というQAの形で、エスノグラフィーの特徴を示してみたいと思います。

表2｜エスノグラフィーとは

① どのくらいの期間？	一定期間
② どこで？	自然な場で
③ どのように？	研究者が直接的に参与し
④ 何を？	個人やグループの意味づけや経験 人々がどのように世界を見ているか
⑤ どうする？	理解する 記述する

5.3.1 「自然の場の直接的な参与」

エスノグラフィーの特徴はいくつかありますが、その1つは、エスノグラフィーが生まれた歴史的背景をルーツとする、「自然な場での直接的な参与」があげられます（Atokinson et al. 2001）。しかし、現在では、そのフィールドは過去の文化人類学や社会学がフィールドとした遠く離れた異郷の地ではなく、研究者の身近な「homeに近い」（Atkinson et al. 2001：2）場へと変化しています。

では、なぜ、「自然の場」や「直接的な参与」が強調されるのでしょうか。もちろんそのルーツも関係がありますが、基本的な考え方として、研究者が「現実」世界を見ることが非常に重要だと考えられているからです。Atkinson (2017) は、現実の世界というのは、必ずしも理路整然としているものではなく、むしろ散らかった状態であり、そのため、実際に何が起こるかわからず、あらかじめ決まったことは何もないと述べています。そのような現実の世界を

見るエスノグラフィーというのは、「荒くざらざらした」日常を辿っていくことであり、研究者は、そのような日常に起こるさまざまな出来事やその様相に誠実に向き合う必要があると Atkinson（2017）は述べています。つまり、研究者は、研究室を出て、対象となる人々の生活世界に自ら足を運び、一定期間、そこで繰り広げられている現実に直接的に参与し、フィールドで「何が起こっているのか、人々は何を話しているのか」（Hammersley and Atkinson 1995：1）を見ていく必要があるのです。そこでは、「ちょっとした会話」、「ささやかな行為」、「目につかないほどの細やかな身振り」（岸 2017：64）などが交差し、複雑で、矛盾があり、関係的で、また文脈依存的な現実があります。そのような散らかった現実に研究者が身をおくことがエスノグラフィーの大きな特徴だと言えるでしょう。エスノグラフィーの調査方法として、参与観察があげられるのは、このような理由からで、この点は、インタビューによる質的な研究方法とは大きく異なるところです。

5.3.2 「何を見るのか」

　エスノグラフィーは「文化の記述」だと言われることがあります（Creswell 1998、Richards 2003、Spencer 2001）。しかし、八木（2013）によれば、「文化」の概念そのものも変化していると言われています。「文化」は、ある特定の社会的グループの行動パターンやそのグループを構成するメンバーに受け継がれている生活の方法で、その社会的グループは国、地域、民族、宗教、第一言語などによって区別されていました。しかし、現代のグローバルな社会の動きや出来事、人の移動や移住などによって、グループから個人への転換が強調されるようになりました（Eisenhart 2001）。また、フェミニズムなどの研究者は、伝統的な文化の概念が、「凍結」されたグループ特性という考えに基づき、グループ内の多様性を無視しており、同じ歴史を持ち、同じ方法で世界を経験し、同じ問題に直面し、同じ意味を構築するグループはないと指摘しました。文化は、根元的で、受け継がれ、時間や場所で固定されたものではなく、ダイナミックで、人が他者との関係において、自分自身を認識する（identify）という闘争から現れるものだと Eisenhart（2001）は述べています。

　文化の概念がグループから個人へ転換することによって、エスノグラフィ

ーが見る世界は、グループメンバーの社会的関係や構造、儀式などから、個人の社会的世界での意味付け、あるグループの中でのやりとり、共有する意味などに向けられるようになってきたのです。このことは、同時に、文化人類学や社会学の分野の研究方法であった「文化」を記述するエスノグラフィーを「意味を記述する」質的研究へと変化させたと言えると思います。エスノグラフィーの研究者は、フィールドにいる人々が何をして、何を話しているかを見て、「ここで起こったことは、そこに関わる人にとって、どのような意味があるかを問うことが、重要な鍵になる」（Erickson 1986：124、引用はHatch 2002：7）研究方法だと言えます。

5.3.3 「理解する」こと

　そして、最後の特徴として、現実の世界や人々の意味づけを理解することがあげられます。

　では、どのように、人々の意味づけを理解していくのでしょうか。エスノグラフィーの特徴の1つとして、異なる世界を行き来し、その相互作用の中で理解を深めていくということがあるのではないかと筆者は考えています。例えば、エスノグラフィーでよく言われるイーミック（emic）とエティック（etic）という視点があげられます。アングロシーノ（2016）によれば、この用語は音素的（phonemic）と音声的（phonetic）に由来し、音素的分析（phonemic）がその言語の母語話者にとって、意味のある音の境界を確定することであることから、イーミックな視点とは、そのコミュニティにいる人々に認識されているように見ることだとしています。そして、その対の概念としてエティック（音声的phonetic）、つまり、研究者の視点があるとしています。

　また、「異（strangeness）と親（familiarity）」（Rampton et al. 2015：15）という概念があります。先に述べたように、伝統的なエスノグラフィーで見てきたような純粋な異郷は存在しなくなりましたが、研究者の世界と協力者の世界における自己と他者、あるいは「異（strangeness）と親（familiarity）」が存在し、研究者はその2つの世界を行き来することになります。例えば、調査中、研究者は、たくさんの「異」を発見します。協力者は、なぜこのようなことを言ったのだろうか、なぜこのような行為をするのだろうか、その言動は私には理解で

きないという場合もあるでしょう、あるいは、今見たことは私の経験と同じ
だ、自分のことのように理解できるという場合もあるかもしれません。この
ように、研究者は調査中、さまざまな「異」や「親」に出会い、そして、イ
ーミックからエティック、あるいはエティックからイーミック、すなわち
「異」を「親」に、「親」を「異」にという2つの世界を行き来します。この
場合、「イーミックとエティック」、あるいは「異と親」は、決して二項対立
的なものではなく、互いを包み込む文脈の中で、境界が溶けたり、変容した
りしていきます。また、「異」だと思っていたことが、実は「親」だったとい
うようなこともあるでしょう。したがって、研究者は「自分自身」と「見た
もの、聞いたもの」との相互作用の中で、その場で起こっていることの意味
を理解し、記述していくというのがエスノグラフィーの特徴の1つと言える
と筆者は考えます。

5.4 エスノグラフィーを選ぶ理由

　では、私たちの研究分野である言語教育の「荒いざらざらした」現実とはど
のようなものでしょうか。私たちは教育、あるいは言語の世界にいます。で
は、なぜ、教育や言語のフィールドで、エスノグラフィーという研究方法を
とるのでしょうか。
　そこで、まず、教育の分野におけるエスノグラフィーを見ていきたいと思
います。そのルーツは、アメリカでは文化人類学、イギリスでは教育社会学
にあると言われています（Gordon et al. 2001）。教育の分野でエスノグラフィーが
どのような過程を経て用いられてきたか、LeCompt et al.（1993）を参考に見て
いくことにしましょう。初期の頃の教育の文化人類学（Educational anthropology）
は、小さなコミュニティを研究の対象とする文化人類学として発展してきま
した。1930年頃、この分野の人類学では、子供の成長や社会化（socialization）
のプロセスに関する研究が行われ、インフォーマルな学習や子供の役割など
に焦点があてられていました。時代が移り変わるとともに、文化人類学者は、
異郷の地だけでなく、アメリカの工業化された社会における小学校や中学校
などでも調査をするようになり、1950年頃には、フィールドワークによる研

究が蓄積され、やがて、1970年代の初め頃からエスノグラフィーの方法論や質的な調査が教育の研究においても使われるようになりました。教育の分野では、教育のシステムというより、1つのクラスや1つの学校、学校の中で分けられた1つのコミュニティなどにおける言語使用のパターン、個々のインターアクションや関係、参加など、より狭いユニットを研究対象として調査するようになっていきました。

　一方、20世紀初頭の社会学は、教育や学校にまだあまり関心を示していませんでした。1960年代になると、社会階層の構造に教育が及ぼす影響について関心が持たれはじめましたが、調査方法は大量のデータを使って、統計的に処理する方法でした。しかし1970年代になって、徐々に社会学者の間でフィールド調査、観察、エスノグラフィックというような質的な用語への関心が高まってきました。その理由は、大きなスケールの調査では、学校に起こっている問題と階級や地域などの社会的変数との因果関係については解明しても、なぜ、その個人やグループに問題として存在するのかという疑問の答えを出すことができなかったからです。したがって、問題が起こるプロセスにも関心を寄せざるをえなくなり、深く、小さなスケールのミクロな分析が必要とされ、その上でその問題が学校と広く社会、経済、政治にリンクしているという認識が強調されました。このような文化人類学や社会学の流れは、大規模な調査から徐々に、1つのクラスやコミュニティ、グループや個人などをより深く、関係的に見ていく方向へシフトしたと言えるでしょう。

　次に言語の分野を見ていきましょう。言語の分野においては、1970年代以降、グローバルな人の移動やテクノロジーの発達、また、ポスト構造主義などの影響で言語そのものの見方が変わったと言われています（Rampton et al. 2015）。すなわち、（1）言語をスキルや能力の対象として教育的に見る見方から、言語は社会的実践の一部であり、アイデンティティや権力、文化的価値と深く関係しているという見方への変化、（2）言語は、その知識や能力によって個人個人が作り上げるという見方から、言語は人と人との間の調整や交渉などによって作られるという見方への変化、（3）言語は首尾一貫したシステムだという見方から、日々の生活や経験から生まれるダイナミックにやり取りされるプロセスだという見方への変化、という3つのシフトをあげていま

す。したがって、収集したデータは、どのように話されたか、というスキル
や能力、上達という教育的枠組みで分析されるのではなく、協力者にとって、
どのような意味が生まれたかという分析がされると Rampton et al. (2015) は
述べています。同様に、第二言語の学習や学習者自身を対象とした質的な研
究が顕著に増えたのは1980年代の半ばになってからです（Harklau 2005）。理論
編でも述べたように、教育や言語、習得に関わる研究の時代的変化によって、
エスノグラフィーは徐々に、質的研究方法の1つとして、教育や言語、習得
の分野でも採用されるようになったと言えると思います。

　では、日本において、エスノグラフィーという研究方法を使っている研究
にはどのようなものがあるでしょうか。全体像を見るため、科学研究費助成
事業データベースで、「エスノグラフィー」（エスノグラフィを含む）を検索して
みましょう[ii]。すると、702件の関連研究が検索結果として出ます。分野と
しては、教育社会学、スポーツ科学、文化人類学・民俗学、言語学、看護学、
社会福祉学、社会学、地域研究、教育工学など実に幅広いことがわかります。
次に、タイトルに「エスノグラフィー」が含まれるものに絞ると79件になり、
大幅に減ります。関連研究と同様に分野は幅広いですが、学校や保育所、病
院、高齢者施設、事業所といった何らかの機関、あるいは、広島、ブータン、
エジプトといった特定の都市や国で調査を行うことが書かれているものが多
く見られます。また、「フィールドワーク」や「フィールドリサーチ」という
用語も多く見られ、これらの研究がタイトルにエスノグラフィーをつけるの
は、直接的にそのフィールドに赴いて、調査をすることを示す意味合いが強
いのではないかと思われます。さらに、詳細検索で、研究分野を「日本語教
育」に絞ると14件とかなり絞られます。この14件のタイトルやキーワードを
見ると、定住外国人、多文化共生、JSL、外国人医療支援、ボランティア、外
国人労働者、バイリンガル、異文化間教育、多文化教育などがあげられてお
り、機関や地域というより、日本語教育の対象者である人たちがタイトルや
キーワードにあがります。共通した特徴として、現在の日本の社会で課題と
なっていることがあげられているように思います。このことは、エスノグラ
フィーが、人々が暮らす社会に出向いて、現実の世界を見る、聞くというこ
とと深く関係があります。Hammersley and Atkinson (1995) は、研究成果が

図書館の棚で埃をかぶるようになっては、研究としての価値はなく、たとえ非常に小さな影響でも、価値を持つためには、現実を理解するというだけでなく、成果が変化をもたらすようにしなければならないと述べています。したがって、教育の分野においても、エスノグラフィーは、社会の課題に向き合い、その記述によって社会を変えていくという社会への還元を目指すことが必要であると筆者は考えます。

5.5 エスノグラフィーの研究方法

　ここでは、研究方法について紹介します。調査研究は、質的研究に限らず、一般的に、フィールドエントリー、調査、分析・考察、執筆のように進んでいくと思います。しかし、質的研究のプロセスは行きつ戻りつの螺旋的なプロセスだと言われています。また、先にも述べたように、エスノグラフィーの研究方法は多様であるため、1人1人の研究が同じように進むということはなく、それぞれが、それぞれのフィールドに合うアプローチで、調査から執筆までをデザインしていかなければなりません。このプロセスは思うほど簡単ではなく、迷いや疑問を抱えながら、進んで行くことになると思います。

　ここでは、筆者の研究を1つの例として、データ収集から執筆までの研究プロセスについて考えていきたいと思います。

　（1）フィールドエントリー
　　　研究の許可を取る。
　（2）調査に入る
　　　参与観察をする、インタビューをする、資料を集める、ほか。
　（3）データ分析と執筆

　以下で、順番に見ていきます。

5.5.1 エスノグラフィーの研究例
　筆者は、以下のような2つの研究をエスノグラフィーで行いました。

研究A

研究協力者：韓国出身で日本人と結婚し、来日

「どのくらい」　フォローアップ含め8ヶ月ほど

「どこで」　　　協力者の生活のネットワーク

「どのように」　参与観察：地域の日本語教室、水泳教室、夕食の買い物、博物館見学、国際交流協会のイベント

　　　　　　　　インタビュー：協力者3回、協力者の夫、義母、後輩、日本語教室の先生、友人2名

「何をみる」　　日本語を使った協力者の生活とはどのようなものか。協力者のネットワークに焦点

研究B

研究協力者：中国帰国者3世、祖母の呼び寄せ家族として来日

「どのくらい」　フォローアップを含め3年あまり

「どこで」　　　協力者の生活、外出

「どのように」　参与観察：地域の日本語教室、自宅、外食、買い物、自動車学校、仕事場

　　　　　　　　インタビュー：協力者3回

「何をみる」　　日本語を使った協力者の生活とはどのようなものか。協力者の生活全般に焦点

5.5.2　フィールドエントリー

　どのような調査もそうですが、筆者の場合は1人の人の「日本語を使った生活」全般をフィールドとしたので、協力者を探すのは大変なことでした。研究Aの場合は、筆者が住む地域の国際交流協会の掲示板に、協会の許可を得て「調査に協力してくれる人を探しています」という紙を貼りました。紙を見た方が、協力したいと言って、私に電話をかけてくれ、日時を決めてお会いし、改めて承諾を得ました。研究Bの場合は、協力者を探すため、地域の日本語教室に協力をお願いし、ボランティアとして教室に通っていました。

そこでペアを組んだ方に、ペアがしばらく続いたのち、こういう研究をしていると話した上で、協力をお願いし、承諾を得ました。

　どちらの場合も、研究の協力をお願いするには、かなりの勇気がいりました。インタビューだけではなく、会う度に、フィールドノーツをつけなければならないですし、出かける話などがあれば、一緒について行っていいかとお願いしなければならないからです。質的研究は、人のことを「書く」ことについて、その継続中、ずっと自分に言い訳をする研究です。どんな人にも、人のことを聞いたり、書いたりする権利はありません。それが研究という自分勝手な行為の下に行われることを、自覚しなければならないのです。理論編でも述べたように、これはリフレクシビティに関わることですが、後ろめたい気持ちをどうすればいいか、そのような自分と向き合いながら、とげとげの道を進むのです。したがって、それを自らスタートさせるためのフィールドエントリーは、協力者という人を巻き込んで後戻りができない、勇気と覚悟のいるスタートなのです。そして、15年以上経った今でも、過去に自分の行った研究の責任を負っていると言わなければなりません。

5.5.3　調査法：参与観察

　エスノグラフィーのデータ収集方法は、参与観察がよく言われますが、インタビューなど他のデータ収集方法も併用されており（Atkinson 2001）、資料などフィールドに関係するすべてのものがデータとなるとされています。私の場合は、学習ノートや作文なども許可を得て、資料として借りたり、コピーをしたりしました。また、参与観察をする際のフィールドノーツに何を書くかという点については、Hammersley and Atkinson（1995：185）がSpradley（1980：78）を引いて、以下の9つをあげています。

　（1）Space：物理的な場所
　（2）Actor：フィールドにいる人々
　（3）Activity：一連の出来事
　（4）Object：フィールドにある物理的なもの
　（5）Act：人々の（単発的な）行為

（6）Event：フィールドで人々が行う活動

（7）Time：時間的な流れ

（8）Goal：人々が成し遂げようとしていること

（9）Feeling：表された感情

　データの中心となるフィールドノーツには、テーマに関わると思われることを探して書くのではなく、フィールドで起こっている出来事や、そこに登場する人物の行動や話、建物や部屋の外観、人の服装やそこに置いてある物の様子など、フィールドで見たこと、聞いたことをすべて書くことで「厚い記述」（Geertz 1973：3）につながります。しかし、すべて書くというのは、現実的には不可能です。視界には見えないところがあり、誰かが話しているのを聞き取れないこともあります。また、記憶するにも限界があります。筆者の場合は、何かを見ようとか、何かを書こうとは考えずに、フィールドに行って、映画を見るように、見たもの、聞いたものを記憶していきました。メモをとれる時はとりますが、周りの状況からメモがとれない時は、隠れてとるようなことはせず、帰宅してから時間をとって、覚えていることを書くようにしました。フィールドに行った日は、忘れないように、その日のうちに書きました。思い出せなかったり、曖昧な記憶しかない部分は、記憶が作られる可能性もあると考え、のちに、そこが分析の一部になるようなときは、フォローアップインタビューとして、協力者に聞きに行きました。最初は、フィールドノーツを書くのに、非常に時間がかかりましたが、徐々に多くのことを記憶できるようになりました。

　最近、フィールドノーツの代わりに、あるいは併用して録音したり、ビデオを撮ったりしてもいいですかという質問をよく受けます。また、近年は録画機器などの進歩が目覚ましく、小さな、置いておいてもわかりにくいカメラやビデオもあります。確かに、正確に記録は残せるかもしれませんが、たとえ小さなものでもレコーダーやビデオを設置することで、フィールドにもたらす独特な緊張感というものがあるように思います。もちろん、研究者が参与することでフィールドに何らかの影響は与えてしまうので、何が適切なデータの取り方かは、フィールドの状況やそこにいる人々との関係によって、

一概には言えないだろうと思います。しかし、自分の研究は本当に録画が必要な研究なのか、と立ち止まって考えることも大切だと思います。たとえ、撮ったとしても、データが多すぎて分析できなければ、それは倫理的に大きな問題です。（技術的に）撮れるから撮るのではなく、できる限り最小限の負担で撮らせてもらうというフィールドへの敬意が重要です。また、ビデオを設置しても、ビデオの死角やフィールドの匂いなどは残せませんから、フィールドノーツの補助的な役割（Murchison 2010）とするのがいいようにと思います。

5・5・4　データ分析と執筆

　エスノグラフィーの分析方法について、詳しく書かれた報告書はあまりないと言われています（アングロシーノ 2016）。八木（2004、2013）では、主に分析手順に焦点をあて、コード化、カテゴリー化という方法を紹介しました。確かに、フィールドノーツやインタビューなどのデータを文字化し、内容のまとまりにコードを付け、その後カテゴリーに分けるという作業を行ったのですが、エスノグラフィーの場合、そのような手順に従って進めば、必ず分析ができるというものではないように思います。なぜなら、質的研究の目的は、現象の「説明」ではなく、「理解」だからです。分析手順は、さまざまな概説書で勉強することができても、人をどのように理解していくかには、手順があるわけではありません。仮に、そのような手順があったとしても、その方法は調査者によって1人1人異なり、また調査ごとに異なるはずで、その点こそが質的研究の真の難しさでしょう。「結論が空から落ちてくることはない」（Reichertz 2013：123）という言葉もこのようなことから、言われているのかもしれません。

　そこで、ここでは、1つの例として、「解釈」に焦点をあてた方法について述べたいと思います。しかし、このようなプロセスは、調査者やフィールドの状況によって、大きく異なりますので、このような方法がエスノグラフィーの一般的な方法だということではありません。あくまで、1つの分析の参考例として、お読みいただければと思います。

5.5.4.1　分析はデータ収集と同時に進む

　分析は、データ収集の時点から始まります。先のエスノグラフィーの特徴のところで、「親」と「異」の話をしましたが、データ収集の途中、参与観察やインタビューを行っている中で、調査者はさまざまな「親」や「異」に出会います。私の場合は「異」に出会った時に、頭の中では、分析が始まりました。例えば、5.5.1の「フィールドエントリー」のところで紹介した研究A（八木 2004）では、協力者と一緒に公園を歩いている時の協力者の明るい表情が私にとっての「異」でした。その時のフィールドノーツには以下のように書いています。

　　公園から中に入る途中、3人（Mさん、Mさん宅に下宿しているPさん、調査者）で並んで歩いていると、後ろから自転車に乗ったおばさんが3人を追いこしていった。Mが「あ、スイミングのおばさん」と声をあげた。声が明るい。前を見ると（中略）おばさんが、自転車を漕いでぐんぐん遠ざかっていった。Mが前に話してくれた週1回の、スイミングで同じグループにいるのだろう。時々スイミングが終わって外でみかける時があるそうだ。そんな時は声を掛け合うらしい。

　協力者は偶然、公園で知人に会い、「あっ」と声をあげ、明るい表情になりました。フィールドノーツには、「それはその時まで、私が見ることのなかったM（協力者）だった。うれしそうだった。なぜだろうと思った」と書いています。この「なぜだろう」が、「異」であり、研究全体の問いがリサーチクエスチョンだとすれば、これは「小さなリサーチクエスチョン」となります。
　その自転車に乗っていた知人は、協力者が通っているスイミングスクールの仲間だとわかり、協力者にお願いして、後日、そのスクールがあるスポーツクラブに参与観察に行くことにしました。スイミングスクールでの協力者の様子を観察し、スクールの後、プールの横の休憩椅子で話を聞きました。スポーツクラブへ行くまで、参与観察している時、協力者にインタビューしている時、私の頭の中では、「なぜだろう」の答えを探す分析が行われていました。その日、自宅に帰って、スイミングスクールのフィールドノーツを書き

ました。そして、これまで収集したデータを読み返しながら、明るい表情が意味すること、すなわち、協力者に明るい表情をもたらしたものと、そのつながりを探し、仮説を生成していきました。ここから全てのデータを取り終えるまで、仮説を繰り返し、同時に仮説に反するデータがないかを探し、さらに考え、スイミングスクールが協力者のアイデンティティの再構築がなされる場だったのではないかという仮説を生成しました。

　Atkinson（2017）は、エスノグラフィーの分析において、そのプロセスや手順は大きなことではなく、重要なのはデータとアイディア（考え、理論）の継続的な往復だと述べています。つまり、協力者の「明るい表情」がデータであり、「なぜ、明るい表情なのだろう」という問いの答えがアイディアです。この例のように、分析は必ずしも机の前で、あるいはパソコンに向かって行うものではありません。また、全てのデータを取り終えてから行うものでもなく、分析はデータ収集と同時に、フィールドに関わっている間、常に行われているのだと言えるでしょう。

5.5.4.2　解釈は意味世界の渦の中に巻き込まれること

　上記で、データとアイディアの継続的な往復が重要だと述べました。そのプロセスは、分析のプロセスとなりますが、同時に協力者を理解していく「解釈」のプロセスでもあります。質的研究の分析や結論に対してよく言われる批判として、「それは研究者の解釈に過ぎないのではないか」というものがあります。この言葉の含意は、研究者の勝手な解釈はよくないもの、あるいは、解釈は研究にあたらないもの、という意味でしょう。国語辞典（広辞苑）では、解釈は「文章や物事の意味を、受け手の側から理解すること。またそれを説明すること」となっており、「受け手の側から」という部分によって、おそらく先の「勝手な解釈」という意味合いが生まれているのだと思います。では、辞書的な意味の解釈が研究の場合も適用されるのでしょうか。

　「解釈」という用語の源流には、解釈主義や解釈学と呼ばれるものがあります。これらは、19世紀後半から20世紀初頭にかけて、新カント学派と呼ばれるドイツの歴史・社会学者[iii]が当時の実証主義の哲学に反発したことから始まったと言われています（シュワント 2006）。彼らの主張は、人間科学はその性

質と目的において、根本的に自然科学とは異なるというものでした。自然科学の目的は、社会的、行動的、物理的現象の因果的関係を「説明する」のが目的であるのに対し、人間科学の目的は人間の行為や精神を「理解する」ことであるとしています[iv]。

　上記の解釈主義や解釈学は複雑な系譜や細かな概念の違いがありますので、全体像は専門書に譲ることとし、ここでは、エスノグラフィーにおける解釈という行為を考える上で参考になる、2つの概念を紹介したいと思います。

　1つ目は、解釈のプロセスを「理解の地平での対話」としたガダマーの解釈概念を紹介します。丸山（1997）、伊賀（2009）によると、ガダマー（2008）は、「理解」する対象は、例えば、文章やデータなどそこにあるもの、そのものというより、人間の生活や経験の全体に関わるものだとした上で、理解という行為を、理解しようとしているものを自己の状況に関係づけることを含む全体的な運動だとしています。以下は、そのプロセスを図式化したものです。

図3｜理解の地平（伊賀（2009）を元に筆者が新たに作成）

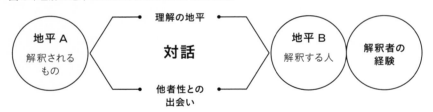

　この図を5.5.1の「フィールドエントリー」で紹介した研究Aに照らし合わせると以下のようになります。

図4｜筆者の理解の地平

図3を見るとわかるように、解釈する人の右側に「解釈者の経験」という円があります。つまり、私たちが何かを理解しようとする時、私たちは、決して無色透明な状態で、人や文章と出会うわけではなく、自分自身の何らかの経験に照らし合わせて考えているということになります。その先行する知識を、ガダマーは「先入見（先入観）」vと呼び、それを足場にして「異」との出会いを理解せざるを得ないと考えたのです。普段、私たちはこのような先入観に無自覚に過ごしていますが、それを克服したり、取り除いたりすることはできないとガダマーは述べています。そして、理解しようとするものの中に、異質性や疎遠なものを感じた時、初めて自己の先入観が自覚され、そこで、自己と理解しようとするものとの間に緊張関係が生じ、両者の間に「問い」と「答え」が突き合わされ、新たな共通の意味を形成しようとするとガダマーは言います。調査中、なぜ、そのように言うのだろうか、なぜ、そのような行為をするのだろうか、と考え、それを異質だとする自己の先入観に気づき、そこで（理解の地平）、理解しようとする対話が始まります。この状況を筆者の研究で表したのが、図4です。ガダマーはこの新たな意味を形成するまでの一連の行為を「地平の融合vi」と呼びました。

　2つ目は、Belenky et al.（1986）の主張するSeparate KnowingとConnected Knowingという概念です。この用語は、概念を表す適切な日本語にするのが難しいため、原文のまま、英語で使用します。八木（2003）では、協力者が見せてくれた作文を理解していくプロセスをSeparate KnowingとConnected Knowingという概念を使って述べました。Separate KnowingとConnected Knowingは知り方や学び方の1つとして紹介され、Separate Knowingは「隔たり」「疑い」と特徴づけることができ、「～に対する思考」が強調されます。一方、Connected Knowingは、信じるという立場、そして知ろうとする考えや相手の位置へ入ること、「～とともに思考する」が強調されます。Separate Knowingでは相手を対象化して理解するのに対し、Connected Knowingは相手との関係の中で、相手の場所で理解することと考えられます。また、Clinchy（1996）は、Separate Knowingでは、「自分を取り除く」のに対し、Connected Knowingでは、「自分を織り込む」、または「自分を投影する」ことが求められると述べています。

以下の例も、5.5.1の「フィールドエントリー」のところで紹介した研究Aです。研究協力者は、日本人の夫と結婚して来日しましたが、夫は協力者のことを「嫁としてもらったのだから、(協力者は)日本人として生きていかなければならない」、また、NHKや小学校の教科書が日本語の基本と考えている人で、協力者は日本語の間違いを指摘され、日本に来て、日本語を話すことが怖くなったと話していました。1回目のインタビューの多くが夫の話だったのですが、始めは協力者の話を聞くことに戸惑いを覚えていました。なぜなら、これは友達とするおしゃべりではなく、研究であり、私はあくまで中立的な調査者として協力者と向き合わなければならないと考えていたためです。しかし、調査を開始して5ヶ月後の一緒に出かけたあるイベントを境に、私の中で変化が起こりました。そのイベントはある実在韓国人一家の生活品のほとんどを韓国から運んで展示した展覧会でした。そこで、韓国の家の様子や正月の遊び、商店街や小学校の教室の再現などを見て、協力者の韓国の話を聞き、一緒に笑い合う中で、1人の人としての協力者を、協力者と調査者、韓国人と日本人、学習者と母語話者という枠組み(先入観)を超えて、同じ女性として、娘として、親として、協力者をとても身近に感じました。その時の様子を「この韓国展の時を境に、今までテーブルの向かいに座っていたM(協力者)がすっと私の横に座ったような、そんな感じをもった」(八木 2003)と振り返っており、Separate Knowing(向かいの席)からConnected Knowing(隣の席)へという変化をそのように記録していました。協力者とともに、自身の経験を織り込んだり、投影したりすることを通して、協力者の理解に至ったのだと思います。

　以上、解釈という行為に関する2つの概念を紹介しましたが、共通することは、解釈者である研究者自身や研究者の経験が研究に織り込まれることを否定していない、むしろ、そこを足場にしているという点です。先ほど、エスノグラフィーの特徴のところで、エスノグラフィーは、エティックとイーミック、「異」と「親」の異なる世界を行き来し、その相互作用の中で理解を深めていくと述べたのは、まさにこのことです。クラパンザーノ(1991:232)は、Simmel(1965:343)を引いて、「われわれが自分以外の個人を知る際には、何らかの先行する知識を携えているということになる。ジンメルによ

れば、こうした知識は類似性を要求する。なぜなら、我々は自分自身から遠く隔たった個性を、完全な形で思い描くことはできないからである」と述べています。つまり、解釈とは、自己の先入観や経験を足場にして、「異」とのやりとりの中で新たな意味を弁証法的に形成していくプロセスということになります。

5.5.4.3　エスノグラフィーの記述

　研究の最後のプロセスとして、論文の執筆があります。論文には、通常、研究の背景や意義、リサーチクエスチョン、調査の方法と概要、分析と結果、考察などを書くことになりますが、それに加えて、筆者は、研究の裏側も、必要があれば論文に書き込むことを提案しています（八木 2015）。研究する人自身や研究のことを記述すること自体は、伝統的なエスノグラフィーでも行われています。前述したマリノフスキーは、トロブリアンド諸島でのフィールドワークで「西太平洋の遠洋航海者」を出版しましたが、その死後「マリノフスキー日記」が出版され、この日記によってフィールドでの個人的な経験や偏見などが暴露されたと言われています。この内容の是非はさておき、フィールドノーツや他のデータとは別に研究の進展や感想、気になることなどを研究日誌のような形式で書くというのは珍しいことではないでしょう。マリノフスキーのように、2つの異なる形式のものを記述した背景には、「自分の観察を、客観性、明瞭性、正確性を持って報告できる」（デンジン・リンカン 2006：21）という考え方があったためだと思われます。伝統的なエスノグラフィーは、フィールドのアウトサイダーである観察者こそが客観性や心理的距離を保ち、妥当な調査ができるとされ、「native」になることは危険であるとされました（Hammersley and Atkinson 1995）。そのような背景から、論文には客観性を持った記述を執筆し、日記には個人的な感想を書くという二元的な公開の方法をとったのです。現に、初期の頃は、多くのエスノグラファーが回顧録を出版したと言われています。

　しかし、この二元的な姿勢を批判し、第3の方法として「ナラティブ・エスノグラフィー」を提唱しているのはTedlock（1991、2000）です。Tedlockは、「参与観察（participant observation）」から、参加する自分もリフレクティブに観察

する「参与の観察（observation of participation）」へ、あるいは客観性を目指す方法論から間主観的な方法論へのシフトを主張し、研究者が研究論文とは別に、研究者自身のフィールドでの経験や日記を書いていることをあげ、自分自身に焦点をあてたエスノグラフィックな体験記か、他者に焦点をあてたスタンダードな研究論文かを選択するのではなく、フィールドの対話におけるさまざまな声の多元性を伝える中で、自己と他者の両方を表現することが可能であると述べています。Tedlock はその例として、『精霊と結婚した男』（クラパンザーノ 1980）などをあげていますが、それを読むと、このような記述の方法に驚かれるかもしれません。

　研究のアカデミックな世界で、実際に、どこまで、どのように書けばいいか、あるいは書くことができるのかを考えると、両方を表現することは難しいようにも思いますが、学位論文や投稿論文などの制約がなければ、新しい表現形式を試していくことも、質的研究の世界を広げることにつながるのではないかと、筆者は考えます。

　以上、エスノグラフィーという研究方法の背景や考え方、目指すところ、また、筆者の研究例を元に具体的な研究プロセスについて述べました。エスノグラフィーは、フィールドに足を運び、人と会い、自分の目で見て、耳で聞くことを重視する研究方法です。定まった分析手順があるわけではなく、その点は難しいと感じるかもしれませんが、人を知ることで、世界を知ることができます。したがって、エスノグラフィーでもっとも重要なことは、人に関心を持つことではないかと思います。そこから、エスノグラフィーは始まると思います。

（八木真奈美）

参 考 文 献

アングロシーノ、マイケル　柴山真琴訳（2016）『質的研究のためのエスノグラフィーと観察』新曜社（Angrosino, Michael V. (2007) *Doing Ethnographic and*

Observational Research. Thousand Oaks, CA: Sage.）

伊賀光屋（2009）「解釈学的現象学の方法論」『新潟大学教育学部研究紀要』1（2）：
pp.151–191.

ガダマー、ハンス＝ゲオルク　轡田収・三浦國泰・巻田悦郎訳（2008）『真理と
方法Ⅱ』法政大学出版局（Gadamer, Hans-Georg. (1960) *Wahrheit und Methode:
Grundzüge einer Philosophischen Hermeneutik*. Tübingen, Germany: Mohr Siebeck.）

岸政彦（2017）「プリンとクワガタ」『現代思想』45（20）：pp.64–78. 青土社

クラパンザーノ、ヴィンセント（1991）大塚和夫・渡部重行訳『精霊と結婚した
男—モロッコ人トゥハーミの肖像』紀伊國屋書店（Crapanzano, Vincent. (1980)
Tuhami, Portrait of a Moroccan. Chicago, IL: University of Chicago Press.）

シュワント、トーマス A.（2006）「質的研究の3つの認識論的立場—解釈主義・解
釈学・社会構築主義」ノーマン K. デンジン・イヴォンナ S. リンカーン編　平
山満義・古賀正義・岡野一郎訳『質的研究ハンドブック第1巻—質的研究のパ
ラダイムと眺望』pp.167–192. 北大路書房（Schwandt, Thomas A. (2000) Three
Epistemological Stances for Qualitative Inquiry: Interpretivism, Hermeneutics
and Social Constructionism. In Norman K. Denzin and Yvonna S. Lincoln (eds.),
Handbook of Qualitative Research, pp.189–214. Thousand Oaks, CA: Sage.）

デンジン、ノーマン K.・イヴォンナ S. リンカーン（2006）「質的研究の学問と実践」
ノーマン K. デンジン・イヴォンナ S. リンカーン（編）『質的研究ハンドブック
第1巻—質的研究のパラダイムと眺望』pp.1–28. 北大路書房（Denzin, Norman
K. and Yvonna S. Lincolin (2000) Introduction: The Discpline and Practice of
Qualtative Research. In Norman K. Denzin and Yvonna S. Lincoln (eds.) *Handbook
of Qualitative Research*, (2nd ed.) pp.1–28. Thousand Oaks: Sage.）

丸山高司（1997）『ガダマー—地平の融合』講談社

八木真奈美（2003）「日本語を第二言語とする定住者研究に関する一考察」『待兼山
論叢』37：pp.29–46. 大阪大学文学会

八木真奈美（2004）「日本語学習者の日本社会におけるネットワークの形成とアイ
デンティティの構築」『質的心理学研究』3：pp.157–172.

八木真奈美（2013）『人によりそい、社会と対峙する日本語教育—移住者のエスノグ
ラフィーから見えるもの』早稲田大学出版部　再録 https://surugadai.academia.
edu/ManamiYagi

八木真奈美（2015）「質的研究の認識論—言葉を使う人間とその世界を理解するた
めに」舘岡洋子編『日本語教育のための質的研究入門』pp.27–48. ココ出版

Atkinson, Paul, Amanda Coffey, Sara Delamont, John Lofland and Lyn Lofland. (2001)
Handbook of Ethnography. Thousand Oaks, CA: Sage.

Atkinson, Paul. (2017) *Thinking Ethnographically*. Thousand Oaks, CA: Sage.

Belenky, Mary F., Blythe M. Clinchy, Nancy R. Goldberger, and Jill M. Tarule. (1986) *Women's Ways of Knowing: The Development of Self, Voice, and Mind*. New York, NY: Basic Books.

Brewer, John D. (2000) *Ethnography*. Buckingham, UK: Open University Press.

Clifford, James and George Marcus E. (1986) *Writing Culture: the Poetics and Politics of Ethnography*. Berkeley, CA: University of California Press.

Clinchy, Blythe M. (1996) Connected and Separate Knowing: Toward a Marriage of Two Minds. In Mary. F. Belenky, Nancy. R. Goldberger, Jill. M. Tarule, and Blythe. M. Clinchy (eds.) *Knowledge, Difference, and Power: Essays Inspired by Women's Ways of Knowing*, pp.205–247. New York, NY: Basic Books.

Creswell, John W. (1998) *Qualitative Inquiry and Research Design: Choosing Among Five Traditions*. Thousand Oaks, CA: Sage.

Denzin, Norman K. (1997) *Interpretive Ethnography : Ethnographic Practices for the 21st Century*. Thousand Oaks, CA: Sage.

Denzin, Norman K. and Yvonna Lincoln S. (1998) Introduction: Entering the Field of Qualitative Research. In Norman K. Denzin and Yvonna S. Lincoln (eds.) *Strategies of Qualitative Inquiry*, pp.1–34. Thousand Oaks, CA: Sage.

Denzin, Norman K. and Yvonna Lincoln S. (2003) *The Landscape of Qualitative Research: Theories and Issues* (2nd ed.) Thousand Oaks, CA: Sage.

Eisenhart, Margaret. (2001) Changing Conceptions of Culture and Ethnographic Methodology: Recent Thematic Shifts and Their Implications for Research on Teaching. In Virginia Richardson (ed.) *Handbook of Research on Teaching*, (4nd ed.) pp.209–225. Washington, DC: American Educational Research Association.

Erickson, Frederick. (1986) Qualitative Methods in Research on Teaching. In Merlin C. Wittrock. (ed.) *Handbook of Research on Teaching*. (3nd ed.) pp.119–161. New York, NY: Macmillan.

Geertz, Clifford. (1973) *The Interpretation of Cultures*. New York, NY: Basic Books.

Goodall, Lloyd H. (2000) *Writing the New Ethnography*. Walnut Creek, CA: AltaMira Press.

Gordon, Tuula, Janet Holland and Elina Laheoma. (2001) Ethnographic Research in Educational Settings. In Paul Atkinson, Amanda Coffey, Sara Delamont, John Lofland, and Lyn Lofland (eds.) *Handbook of Ethnography*, pp.188–203. Thousand Oaks, CA: Sage.

Gubrium, Jaber F. and James A. Holstein. (2008) Narrative Ethnography. In Sharlene

J. Hesse-Biber and Patricia Leavy. (eds.) *Handbook of Emergent Methods*, pp.241–264. New York, NY: Guilford Press.

Hammersley, Martyn and Paul Atkinson. (1995) *Ethnography: Principles in Practice* (2nd ed.). London, UK: Routledge.

Hatch, Amos J. (2002) *Doing Qualitative Research in Education Settings*. New York, NY: State University of New York Press.

Harklau, Linda. (2005) Ethnography and Ethnographic Research on Second Language Teaching and Learning. In Eli Hinkel (ed.) *Handbook of Research in Second Language Teaching and Learning*, pp.179–194. Mahwah, NJ: Lawrence Erlbaum Associates.

LeCompte, Margaret D. J. Preissle Goetz and Renata Tesch. (1993) *Ethnography and Qualitative Design in Educational Rresearch* (2nd ed.) San Diego, CA: Academic Press.

Maxwell, Joseph A. (2005) *Qualitative Research Design: An Interactive Approach*. Thousand Oaks, CA: Sage.

Murchison, Julian M. (2010) *Ethnography Essentials: Designing, Conducting, and Presenting your Research*. San Francisco, CA: Jossey-Bass.

Park, Vikki (2014) Ethnography: The Pick of the Crop. In *Qualitative Researchers Forum*, 3 September 2014, Teeside University.

Rampton, Ben, Janet Maybin and Celia Roberts. (2015) Theory and Method in Linguistic Ethnography. In Julia Snell, Sara Shaw and Fiona Copland. (eds.) *Linguistic Ethnography*, pp.14–50. Basingstoke, UK: Palgrave Macmillan.

Reichertz, Jo. (2013) Induction, Deduction, Abduction. In Uwe Flick (ed.), *Handbook of Qualitative Data Analysis*, pp.123–135. Thousand Oaks, CA: Sage.

Richards, Keith. (2003) *Qualitative Inquiry in TESOL*. Basingstoke, UK: Palgrave Macmillan.

Simmel, Georg. (1965) *Essays on Sociology, Philosophy, and Aesthetics*. New York, NY: Harper & Row.

Snell, Julia, Sara Show and Flona Copland. (2015) *Linguistic Ethnography: Interdisciplinary Explorations*. Basingstoke, UK: Palgrave Macmillan.

Spencer, Jonathan. (2001) Ethnography After Post-modernism. In Paul. Atkinson, Amanda Coffey, Sara Delamont, John Lofland, and Lyn Lofland (eds.) *Handbook of Ethnography*, pp.443–452. Thousand Oaks, CA: Sage.

Spradley, James P. (1980) *Participant Observation*. Long Grove, IL: Waveland.

Tedlock, Barbara. (1991) From Participant Observation to the Observation of participation: The Emergence of Narrative Ethnography. *Journal of Anthropological Research*, 47: pp.69–94.

Tedlock, Barbara. (2000) Ethnography and Ethnographic Representation. In Norman K. Denzin and Yvonna S. Lincoln. (eds.) *Handbook of Qualitative Research* (2nd ed.) pp.455–483. Thousand Oaks, CA: Sage.

....

注

i ── 2019年3月現在

ii ── 2017年5月現在

iii ── 新カント派と呼ばれるディルタイ（Dilthey）、リッケルト（Rickert）、ウィンデルバント（Windelband）、ジンメル（Simmel）、ウェーバー（Weber）などを指します。

iv ── 自然科学の対立概念として「精神科学」を考案し、自然科学の「説明」に対して「理解」（了解）という方法をあげ、解釈学を発展させたのはディルタイです。ガダマーは、そのディルタイを批判的に継承したハイデガー学派の一人です。

v ── 辞書などでは、「先入観」と同義とされますが、ガダマーのいう「先入見」は「解釈学的状況」のことで、私たちがおかれている歴史的に構成された状況（地平）のことです。

vi ── 解釈するものと解釈されるものとの弁証法的循環から共同で形成される場です。

質的研究、私の経験

　私はスリランカで日本語を教えている日本語を第2言語とする教師、TJL 2（Teacher/s for whom Japanese is a L 2）3人を基にした質的ケース・スタディーをした。この研究ではTJL 1（Teacher/s for whom Japanese is a L 1）と同じ組織で教えているTJL 1を対象に、彼らはどのような状況におかれ、どのような実践を行い、現場ではどのようなことを経験し、TJL 2である自分をどのように位置づけているのかを理解することを目的とした。3つそれぞれ違う教育機関でフィールドワークを行い、各機関で1ヶ月にわたるフィールド観察とインタビューを中心にデータを採集した。

1.　「研究者」の私

　フィールドワークでは自分がそれぞれの日本語教育センターでどのような立場で観察ができるのか実際にフィールドに入るまでよく分からなかった。調査の間、最も気になったことは自分自身の存在である。以前スリランカで10年ほど日本語を教えたことがある私は調査で会う日本語教育界の方々のほとんどを知っている。調査にはその私の存在が邪魔になるのではないかと調査に行く前から悩んでいたし、調査最中も気になっていた。例えば観察しているときに久しぶりにあった誰かに留学生活について聞かれたりする。この場合、本当は観察したいのに、久しぶりに会ったのだからまともに話をしなければよくないというジレンマを感じる。以前からの知り合いではなくても、噂を聞いて声をかけられることもあった。観察しているときにそのようにさまざまな人に声をかけられて観察できなくなった場合があった。観察のときにメモを取っているところをフィールドで会った知り合いに「何を書いてい

ますか」とか「今の発言も書きますか」などと聞かれて、いつメモを取れば
あまり目立たないか悩むこともあった。

　また、研究のために来ている人としての私の存在も気になった。フィール
ドでは私が「研究者」であることを忘れてもらって、上手にみんなの中に溶
け込んでいきたかったが、協力者にとってもその周りの人々にとっても私は
あくまでもフィールドワークのために来ている人である。協力者も私をどの
ように扱っていいか分からなかったに違いない。しかし、回数を重ねれば重
ねるほど、協力者はその状況に慣れてきたように感じた。

2. 'us'-'them'

　Holliday（2005）は研究者や自分の国と違う国で英語を教える native の教
師が常に自分たちと現地の学習者や教師を区別する傾向があると述べている。
Holliday はこのように区別して考えることの後ろにあるのは 'us'-'them' とい
う意識（優れた native speaker 対劣った non-native speaker）といい、そのような意
識を英語教育の中にある文化的差別として批判する。Holliday 自身が以前海
外で英語を教えているときに書いたフィールドノーツや他の研究者や教師に
よって書かれた論文やメールなどをもとに、言葉使いの中にいかに英語教育
の文化的差別が現れているかを分析している。

　私が Holliday（2005）に出会ったのは 2 番目のフィールドワークが終わっ
て日本に戻り、データを整理しているときである。私は Holliday が言ってい
る native の教師ではないが、自分のデータの中にも別の意味の文化的差別が
あると思えた。例えば授業観察のメモでは次のようなものがあった。

　　　教室はすごく暑い。暗い。ナヤナさんは今日も扇風機をつけなかった。こ
　　　んな所でなぜ勉強できるのか？ああしんどい。

（Lesson20050826）

　私は教室に入ってすぐ電気をつけて部屋を明るくした。ナヤナさんはあ

まり気にしないみたいだけど、私は明るい教室がいいな。

（Lesson20050831）

　そういえば、11年前に初めて短期研修のために日本に来たときの私の思い出の中に「まぶしい電気」「neon light」があったのではないか？スリランカの家庭では大体60ワットの電球を使うことが多い。それでも明るすぎるといって私の父は寝室の電球は40ワットにしている。大体日本で使われているような蛍光灯はスリランカではお店やレストラン以外ではあまり使わない。しかしスリランカにいたころは、暗いと思ったことはなかった。そして留学の間時々国に帰ったらいつも「なんでスリランカの空港も、町も、家もこんなに暗いの？」と思った。しかし、一時帰国期間が終わって日本へ戻って行く時にはコロンボの空港が暗いと思ったことはなかった。フィールドノーツには教室の中が暗い！暑い！なんで電気と扇風機つけないのだろう？と書いてあるが、実は暗く感じたり、暑く感じたりしていたのは私だけかもしれない。それを電気と扇風機をつけないナヤナさんのせいにしていることに初めて気が付いたのだ。もしかしたら私の感じたのもHolliday（2005）が言っている文化的差別に近いのではないかという気がした。

3．Dual Visionを持つ

　電気をつけないナヤナさんをやっと理解できた私は、その時点からdual visionを持つようになったのかもしれない。スリランカに来て日本語を教えるTJL１がスリランカの教室を不満に思い変えようとする気持ちと、今のやり方の何が問題なのか、それをどうして変えなければならないのか理解できないTJL２の気持ちがどちらも少しずつ見えることを本研究ではdual visionと呼ぶことにした。たぶんこのような意識は私が当時日本にいて、日本で教育実習などを経験して、日本の大学で研究しながら調査のために一時的にスリランカの日本語教育現場に行っていたからこそ持てた、身体で感じるものであって、自分の中でずっと持ち続けられるものであるとは限らない。だか

らこそ、その意識を大事にする必要があったのである。3番目のフィールド
ワークに行くときにdual visionを意識していた私がいた。そして次の日本語
教育センターと教師やそこの人々を観察するときの自分は、以前のフィール
ドワークの自分と違う人間のように感じた。それから3人のデータを読むと
きも、分析するときも、書くときもこのdual vision が私を導いてくれた。

（Lokugamage Samanthika）

参 考 文 献

Holliday, Adrian. (2005) *The Struggle to Teach English as an International Language*. Oxford, UK: Oxford University Press.

第6章

ライフストーリー

6.1 はじめに

　私は、インタビューで体験を語ってもらう「ライフストーリー」と呼ばれる方法を使って調査をしています。なぜライフストーリーを使うかというと、言語を学んだり、教えたりという行為には、実にさまざまな事柄が関わっていて、学習の当事者である学習者や、教師の説明を聞かないとわからないことがあるからです。そのさまざまな事柄には、非常に遠いところや、その人に起こった過去の出来事、家族の歴史など、研究者が直接見ることができない世界が関わっていることも多くあります。

　例えば、私が博士論文を書いたときの研究協力者の1人、韓国人男性の留学生イ君は、日本にいるのに、日本語を母語とする一般学生の友達を積極的に作ろうとはしていませんでした。理由は、「日本人と話しても面白くない」からです。でも、もっと話を聞いてみると、次のようなことがわかりました。

　彼は、起業家になりたいという夢を持っていて、そのためには政治のことを知る必要があると考えていました。起業家として成功したら、故郷の村で親戚や村の人々を招待して大きな食事会を開くというのが、インタビューで彼が語ってくれた「男」としてのかっこいい生き方でした。でも、彼が通っている日本の大学の、彼の専門である理系の大学生たちの中に、起業に興味を持っている学生はほとんどいませんでしたし、政治の話などをすれば「考

えすぎ」という一言で片づけられてしまいました。それに比べて、韓国では、起業や政治の話を受け入れてくれる友達がいましたし、「いっしょに起業しよう」と言ってくれる人さえいたのです。それで、イ君は日本語で話す友達を作ろうとは思えなかったのです。

「日本人と話しても面白くない」という理由だけを聞くと、彼が日本に関心がない（統合的動機がない）だとか、「社会文化知識」（ネウストプニー 1982）が足りないとか考えてしまいがちですが、それらの側面はあったとしても、イ君にとっては、興味関心を同じくする人が見つからない日本での大学生活は、非常に味気ないものだったと私は理解しました（中山 2016）。

このように、あるテーマについての体験（イ君の場合は、日本での留学生活）を当事者の言葉で語ってもらえる点が、ライフストーリーの強みです。また、ライフストーリー研究は「一般やマジョリティから外れた逸脱者や非差別者、マイノリティ（桜井 2018：139）」など従来、等閑視されてきた人々[i]やあまり知られてこなかった体験[ii]を明らかにすることに一定の成果を上げてきました。現在、言語教育という分野は、インターネットやグローバル化の影響をもろに受けています（青木 2016など）。激しく移り変わる世界の中における言語学習、言語教育という今まで誰もしたことがない体験を、当事者の語りを通して理解できることに質的研究やライフストーリーを使った研究の意義があるのではないでしょうか。Sparkes and Smith（2014：48）は、人々の語りや語りの形式をもった研究の強みとして、

- 一時的、感情的、文脈的な生（lives）の質と関わりを明らかにすることができる。
- 生きられた生（lives）の複雑さを尊重できる。
- 個人的あるいは社会的な変化を引き起こすことができる。
- 身体を結びつけ、生きている生身の身体という感覚を作り出す。
- ある個人やグループにとっての主観的な世界を照らすことができる。
- 社会と文化のこと同様、個人とグループのことを語ってもらうことによって、個人を個性と主体を持った人として、さらに社会的に状況づけられ、文化的に形作られた人として尊ぶことができる。

をあげています。また、言語教育の中で、インタビューを使った質的方法が用いられるのは、研究協力者のアイデンティティ、経験、信念、態度（Talmy, 2010）、「自己」（Pavlenko and Lantolf 2000）を明らかにすることが目的だと言われています。ライフストーリーという手法は、インタビューを主なデータ収集の方法としているために、一見とっつきやすく見えるかもしれませんが、他の方法にはない難しさがあります。以下では、その点も含めて紹介し、私が取っている立場、私が行った調査方法についてお伝えしたいと思います。

6.2　ライフストーリーの定義：実は難しい

　ライフストーリー[iii] は、インタビューで語られたことだけではなく、自伝や手紙、私小説などの書かれた「語り（ナラティヴ）」を使った研究と合わせて「伝記的研究」（Creswell 1998）と言われることがあります。すでに書かれた資料を使った研究でも多くのことが学べますが（例えば、Pavlenko and Lantolf 2000）、ここでは、インタビューなどの調査を経て得られた研究に限定しておきたいと思います。なぜなら、後述するように、誰かにある体験について語ってほしいと頼む、語られたことを聞き取る、それを資料として研究するという流れの1つ1つをどうとらえるかで、ライフストーリーを使った研究への見方が変わってくるからです。

　岸・石岡・丸山（2016：156）は、「だいたい共通して、「個人の語り」を意味する」言葉として、「ライフ・ヒストリー、ライフ・ストーリー、ナラティブ、ライフ・ドキュメント、オーラル・ヒストリー、生活史、バイオグラフィーなど」をあげており、厳密な区別をすることは難しいと述べています。どの用語を使うのかは、研究者が何を分析対象とするのか、どの学問分野に立っているのかなどによって決まりますが、オーラル・ヒストリーは、「顔と顔を突き合わせて昔の話を聞き、そこからかつてあったことを再構成するという方法」（朴 2017a：25）であり、ライフヒストリーは、語られた出来事をその時の歴史や政治的文脈の中に位置づけ、語り手個人と社会との弁証法的関係を見ようとする点に特徴がある（Sparkes and Smith 2014）と言います。それに対して、ライフストーリーは、「体験的真実をとらえようとするもの」（Mann

1992) とも言われます。

　ライフストーリーという用語を使っている研究の中でも立場は多様で、100人近くにインタビューを行い、「個人のナラティヴの中で見え隠れする、当人にとっての事態の「意味」を、マクロな社会のメカニズムにつなげ」（小林 2010：45）ようとする研究（ベルトー 2003）や、1人のお婆さん語りを聞いているかのような錯覚に陥るようなものもあります（中野 1977）。インタビュー過程を精緻に分析することで、インタビューがどう構築されたのかを明らかにしようという研究者もいます（石川 2015、倉石 2007など）。Barkhuizen（2013：2）は、言語教育の分野で、語り（ナラティヴ）を使った研究を定義するのは、大変難しいと言っていますが、語りを対象とした研究自体も「多文化的、多発生的、多声的である」（やまだ 2007：61）ことが、多くの研究上の立場の違いを生んでいる理由だと考えられます。

　それらの中で、やまだ（2007：124）は、「人が自己の人生経験をどのようにナラティヴとして組織化し意味づけて他者に語るか」に関心を持ち、研究者と研究参与者がナラティヴを共同生成したというモデルに基づいて行われた研究と、ライフストーリー研究を定義づけています。また、桜井・小林（2005：7）は「調査する一人ひとりがインタビューをとおしてライフストーリーの構築に参与し、それによって語り手や社会現象を理解・解釈する共同作業に従事することである」と定義しており、インタビューする人とされる人が共同で解釈を構築している点を強調しています。

　私もインタビューは、インタビューする人とされる人の共同構築である点を認めつつ、ライフストーリーを「研究協力者の人生や体験などをじっくり深く聞くインタビューを用いて、インタビュー時に研究協力者が語った過去と現在、未来に関する事柄を、研究者が時系列に並べかえて作った話であり、研究者が理解した研究協力者についての物語」と現在のところ定義しています。そのように定義した理由を3つの論点に従って、以下で説明したいと思います。

6.3 ライフストーリーをめぐる3つの論点

　私は調査に先立って、ライフストーリーをどう定義するのか決めていたわけではありません。先行研究を読みながら、またインタビューしながら、自分の定義を形作っていきました。

6.3.1 （論点1）ある体験についての話は、いつも同じように語られるのか、それとも変わるのか

　1つ目は、「語り」は、いつ聞いても、誰が聞いても同じだと考えるのか、そうではなく変わりうる、極端に言えば、その場限りのものだと考えるのかです。これには、それぞれ、話し手が同じ話をする（できる）のかという問題と、聞き手との関係によってお話が変わるのか（語りは話し手と聞き手の共同構築か）という問題があります。

　「ライフストーリーは、その人の神話であり、変わらない」（McAdams 1993）と言った人もいますし、語り手が、いろんな聞き手に何度も繰り返し話したと思われる語りを聞くこともあります（小林 1995）が、一方で語り手がそれまで考えたこともないことを問われ、聞き手の質問や相槌に促されながら、過去を「想起する」ということが多々あります。

　また、研究者のうなずき方や反応の仕方、さらに研究者が無意識のうちに聞きたいと願っている話（構え）によって語りが変わることがあります。ある方向に向かおうとしていた研究協力者の話を、研究者自身の質問が遮っていたことを、倉石（2007）は反省的に分析しました。

　ここで私の体験をお話ししましょう。ある研究協力者に春先にインタビューした時、彼は自分の勉強方法に対する自信を語っていました。夏前に会ったとき、彼は、研究室の中で大きな葛藤を抱えていたため、インタビューを先延ばしにしました。そのインタビューを、冬の終わりにしたときには、今までとは逆に、彼は、自分の勉強方法を反省的に振り返って語りました。彼の勉強方法というのは、彼をこれまで、理想通りとは言えないとしても、世間的な成功に導いてきたものであったし、日本語の勉強方法とも関わりが深いものでしたが、彼は自分の勉強方法に対する見方を、その1年足らずの間

に変えてしまったのです。このように、ある事柄や出来事に対する意味付けというのは、その人の「イマ」によって、大きく変わりうるものだと私は考えました。（それをカウンセリングの場で行うのがナラティブセラピーだと思います、ホワイト・エプストン 1992）。これらのことから、相手によって、また相手の反応によって話を変えること、またその時の気分や、人生のステージによって話が変わることは、私には非常に当たり前のように思えました。そのため、私は私が書いた研究協力者のライフストーリーは、その時の私と研究協力者がつくった、研究協力者のライフストーリーの１つのバージョンだと考えました。

6.3.2 （論点 2 ）どのように（how）語られたのかに注目するのか、何が（what）語られたのかに注目するのか

インタビューが聞き手と語り手との共同構築であるとするなら、当然、聞き手と語り手がどのようにそれを成し遂げたのか、どういう経緯で語られたのかが大きな問題となります。言い換えれば、語り手の世界だけではなく、聞き手である研究者の世界が問われることになります。どのように（how）語られたのかに注目する研究者は、例えば「解放の物語」や「グローバル人材」という大きな物語が、どのように聞き手と語り手の中で構築されたのか、研究者と研究協力者の語り方だけではなく、力関係も含めて、エスノメソドロジー的な手法を使って分析しようとしています。そしてその「構え」を反省的に検討することによって「語りをよりよく理解する」（石川 2015）ことが目指されます（桜井 2002、三代 2015、佐藤 2015）。

その一方で、書くべきは研究者の物語ではなく、研究協力者の物語だという指摘（蘭 2009）や、研究者のことを書いたとしても、免罪符的な役割にしかならない（Mann 2011）場合もあり、研究者をどう描くのかを含めて、「どう語られたか」と「何が語られたか」のバランスは、必要な非常に難しい問題です。朴（2017b、2018）は、そもそもインタビューをする研究者は、その研究協力者にインタビューしたい理由があるのだから、「構え」はインタビューに不可避なものだという立場をとった上で、「構え」は相対化するべきものではなく、「私は何を知りたいのか」、「この人たちの話の何に惹かれるのか」にこだわり、考え抜くべきものだと指摘しています。これは、本書の前半部分のパ

ラダイムやリフレクシビティとも関わる議論です。

　私は、言語学習体験の記憶と、その言語を使う自己の関係（Howではなくて What）が知りたくて、上述の研究を始めました。研究協力者は、自分で勉強したことよりも、友だちをどう作ったのかの話をしてくれました。これには、韓国人に共通する言語学習のストーリーが関わっている可能性も、研究者である私の言語学習ストーリーが関わっている可能性もあります。

　ただし、研究者がインタビュー時にどう関わったかを書くことは、私の場合は非常に難しいと思われました。

　私は、紆余曲折を経て（掲示などの方法では協力者が集まらなかったため）、自分のかつての教え子たちに研究協力者になってもらいました。私は、彼らが来日したばかりの時の日本語の先生で、しかも韓国語ができたので、コース終了後も近しい関係を続けていました。インタビューで彼らは実にたくさんのことを話してくれました。日本語学習のことだけではなく、友達のこと、今の生活、将来の悩み、恋愛のことなど、それまでの関係がなければ、たぶん話してくれなかったと思います。この節を書くために、フィールドノーツを読み直してみましたが、彼らと私は、非常に近しい関係を持っていたのだということを改めて感じました。そのような関係があったから、彼らはたくさん話してくれたし、私も突っ込んだことが聞けたのです iv。

　過去の関係が継続していただけではなく、新たな関係もつくろうとしました。私は研究協力者といっしょに食事をしたり、大切な日本語の書類のチェックを頼まれたりしました。このように数年にわたって続く私と彼らとの関係をすべて描き出すことは不可能だし、私と彼らの関係の上に築かれたインタビューを、関係の一方の側である私だけが反省的に描くということは、反省の無限のループに陥ってしまうことに他ならないと思われました。つまり、描いたとしても、それは一面に過ぎないし、なぜその場面を取り上げたのかが問題になるように思いました。

　このことは、付き合いの長い人に調査をした今回の調査に特異なものなのかもしれませんが、調査には調査協力者と調査者の共通点、共通体験、服装、言葉遣いなど、さまざまなことが関わってきます。小森（2000）では、自分が標準語を話すこと、「東京から来た学生さん」と紹介されることによって、北

海道の寒村のおばあさんたちの方言調査に、自分が暴力的に関わっているのだという感覚を持ったことを記していますが、自分の無意識の何かが、調査者と調査協力者の関係を規定していると考えることが妥当でしょう。協力者だけではなく研究者という「人」がいてこその研究であり、私という「人」も時間や人生経験とともに変化します。ですから、私は、以下でも述べますが、私自身のストーリーを別に書くことで、インタビューを行いライフストーリーを書いた私という研究者のことを明らかにすることにしました。しかし、研究者がどのような人で、どのように研究に関わったのかを描く方法はこれだけではありません。インタビューの引用の中で研究者の質問を書き入れる、その意図を入れる、聞いたときの驚きや発見を加えるなど、さまざまな方法が考えられるでしょう。

6.3.3　（論点3）語られたものをどのように分析するのか

　分析手順をしっかりと決めて、分析するべき（波平 2016、リースマン 2014）と考える立場（物語に「ついて」考える）と、そもそも語りを聞くという体験が、分析すること自体を拒否しているという立場（Frank 2000）（物語「とともに」考える）があります。前者は、物語は社会的な事実であり、データとして分析されるべきだと考えます。SCAT（大谷 2019）、テーマ分析、構造分析、パフォーマンス分析（すべてリースマン 2014）などの方法をあげることができます。それに対して、後者は、「語り」を聞くという体験そのものは、物語を通して語り手に出会い、感じ、語り手の体験を「理解する」ことを要求すると考えます。両者の違いをフランク（2002：44-45）は次のように述べています。

　　　物語について考えるということは、それを内容へと還元し、その内容を分析することである。物語とともに考えるということは、物語をそれだけですでに完全なものとして受け取ることである。その物語を超え出ることなど必要ないのだ。物語とともに考えるということは、物語が自分自身の生に影響を及ぼすことを経験し、その影響の中に自らの生に関する何らかの事実を発見することである。したがって、人々の病の物語は私が支持するさまざまな命題を支持するための「データ」としては扱わ

れない。そうではなく、物語は、私が物語とともに理論化する―そして
生きていく―ための素材なのである。（強調は筆者）

　上述の研究には、第二言語学習者としての、日本語教師としての私の体験
が関わっていました。私は、ひょんなことから、英語と韓国語を日常的に使
う生活をしばらくの間していましたが、韓国語を話す自分は好きなのに、英
語を話す自分はあまり好きではありませんでした。またこのことは、私の生
活の質を左右していましたが、その理由はわかりませんでした。これに加え
て、日本語の教室で出会った留学生たちは、教室の外で日本語を話す自分が
好きなのだろうかという疑問もありました。つまり、私の調査は、私自身の
問題を解決する（フランクの言葉で言えば、私が「生きていく」ための）手がかりを得
たいという動機が含まれていたと言えます。
　さらに、研究協力者たちの語りを理解するために私は自分の言語学習／使
用体験や他の参加者の言葉、今まで出会った本の言葉や学習者の言葉を思い
浮かべていました。
　インタビューという場だけではなく、文字化をし、それらを何度も読み直
し、研究協力者が語ってくれたことを「理解」し、意味を見出そうとする解
釈過程を通して、言語学習一般に対する理解が深まっただけではなく、私自
身の英語と韓国語の言語学習に対する見方も大きく変わりましたし、これか
らも変わっていくでしょう。つまり、研究協力者の「物語」が研究者である
私「自身の生に影響を及ぼすことを経験し、その影響の中に自らの生に関す
る何らかの事実を」見つけることができたのです。
　クヴァール（2016）は、インタビューを巡る比喩として、坑夫イメージと旅
人イメージをあげています。坑夫は、真実の塊を掘る人であり、実証主義的
なインタビュー観です。旅人イメージは、旅をして出会った人に話を聞いた
り、習慣に触れたりすることで自分のもといた場所に対する見方も変わって
しまうポストモダンのインタビュー観です。つまり、私の場合、インタビュ
ーで語られていることだけでストーリーの解釈ができなかったし、研究を遂
行できなかったのです（もちろんそういう研究もあります）。ですから、インタビュ
ーをしっかり分析する手順だけに固執するよりも、自分自身がどう変わって

いったのかも含めて提示したいと考え、研究の副産物である「私のストーリー」を著書の冒頭に載せることにしました。

　これらのことから、私は、ライフストーリーを上述したように定義しました。しかし、これだと、研究者が勝手に作った話とも読めてしまうのですが、そうならないように、「今日の天気」などを除いて、研究協力者が語ってくれたことはすべてストーリーに盛り込む、作ったストーリーは、研究協力者に見てもらって、確認してもらうなどの方法を取りました。

6.4　ライフストーリーを聞く手順

6.4.1　リサーチデザイン

　調査に先立って、自分が知りたいことが、上で述べたようなライフストーリー方法で明らかになるのかどうか、よく考えてください。リサーチデザインをしないまま調査を開始してしまって、このインタビューデータはどうしようかと悩んでも、時すでに遅しです。インタビューと文献調査を組み合わせたり、量的研究を組み合わせることもできるでしょう。まず、リサーチデザインを「ざっくりと」でいいので描いてください。暫定的なリサーチクエスチョン、それに関わる先行研究、調査方法、調査対象者などが必要でしょう。その中で、インタビューやライフストーリーの位置づけが決まってくると思います。

6.4.2　リサーチクエスチョン

　中山（2016）にも書きましたが、本当のリサーチクエスチョンが定まったのは、調査を始めてしばらくしてからです。私は多くの人は、私と同じように、ビビットに言語を学んだ記憶を持っていると思っていましたが、実際、インタビューを始めると、「どうして日本語が上手になったの?」という質問には、「日本に来たのだから、日本語を使って上手になった」という、ストーリーにもならない一文で終わってしまう答えが返ってきました。あきらめずに誰と話すのか、何を話すのか、どうやって知り合ったのかなど、細かく聞いていくと、具体的な答えが返ってくるようになりました。そこで答えてもらった

ことを、自分の体験や、先行研究などに照らし合わせながら、何度も考え直して、リサーチクエスチョンが決まりました。リサーチクエスチョンが、調査を始めてから決まるというのは、質的研究ならではのことだと思います。

では、なぜリサーチクエスチョンを立てるのかというと、それによって、先行研究で何を見なければならないのかが決まり、分析視角が決まり、さらに調査の方向性や、今までの調査の漏れがわかるなどの利点があるからです。

話は前後しますが、調査の前に、あるいは調査中でもいいかもしれませんが、ぜひやっていただきたいことがあります。それは、自分と研究テーマ（リサーチクエスチョンがなくても）との関わりを書いておくということです。研究上の関わりだけではなく、何のために研究をしたいのか、個人的な経験とテーマはどのような関係があるのかなど、思いつくものを、なるべくストーリーの形で書いてもらいたいと思います。

その理由は2つあります。1つ目は、自分がテーマに対してどのような「知識」を持っているのかを明らかにすることです。それによって、自分の傾向を知ることができます。調査中には、思ったように答えてもらえなかったりすることがよくありますが、それはインタビューの技術からのみおこるわけではなく、研究者がどのような姿勢で調査に臨んでいるのか、それ自体が研究協力者の話や態度を左右することがあるからです。

2つ目は、ストーリーを語るということ、また過去を語るということはどのような体験なのかということを知るためです。私は、上述したように、自分の韓国語と英語の学習体験をもとに、研究テーマを決めました。自分のストーリーを事前に書いてみようと思ったのですが、できませんでした。過去を語るというのは、これほどまでに苦しいことなのかと思いました。自分が今まで向き合ってこなかったことに向き合わなければならなかったし、思い出したくないことや、人に言いたくないことを、どう話せばいいのかにも苦慮しました。結局ストーリーが書けたのは、5人の研究協力者のインタビューが終わってからです。そのストーリーを書いて気づいたことがあります。それは、いくら自分の話だとしても、過去をすらすらと語れるわけではないということ、それから、いったん語ってしまえば、それが自分の中の「ストーリー」となってしまって、そのストーリーには使わなかった、使えなかった、

あるいは意識にすら上っていない過去の出来事は、「ストーリー」の後景に退いてしまって、出てこなくなったということです。

「調査とは暴力だ」という言葉を聞いたことがあるでしょうか（宮本・安渓 2002）。まず、ある人に、貴重な時間を割いてもらって、その人が体験したことを話してもらうということは、協力者がいくらいいと言ってくれたとしても、そのことによって、第一の利益（論文を書くなど）を得るのは研究者です。研究によって「知」が形成され、その「知」をもとに、あるグループの人々への印象が決まってしまったり、制度が動いたりしたら、それは暴力ではありませんが、力の行使です。研究をすることによって、どんなに微力でも「力」を手に入れるのだということは、忘れないでおこうと思っています。さらに、ライフストーリーについて、私の体験を通していえば、ある人の「ストーリー」を確定してしまうということにもなるということです。調査をし、ライフストーリーを聞いた結果、研究協力者が「いい体験だった」と言ってくれたとしても、それは偶然であって、いつでも傷つける結果になり得ることは肝に銘じておきたいことです。

6.4.3　研究協力者を決める

私が研究協力者を選んだときは、最初、留学生がよく出入りしている場所に、韓国語と日本語で書いた研究協力者募集の張り紙をしました。しかし、その張り紙を見て応募してくれる人はいませんでした。結局、留学生がよく出入りしている場所で、日本語を教えるボランティアをすることにして、私の授業を昔とっていた人を含めてそこで知り合った韓国人留学生に話を聞かせてもらうことにしました。自分のことを獲物を待つ蜘蛛みたいだと思った記憶があります。

何人に答えてもらえばいいのかは、研究者がライフストーリーを使って何がしたいのかによって違います。ベルトー（2003）のように100人近くにインタビューするような、大規模な調査は、組織の面、資金の面で難しいかもしれませんが、不可能ではありません。

ただ、機械的な分析方法を採用せず、1人1人のストーリーをその人の姿が「理解」できるまでインタビューを続けるという私が用いた方法は、非常

に時間がかかります。また、この方法には、研究協力者が言ったことが理解できる自分、あるいはできない自分にも向き合わなければならないので、たくさんのストーリーを一度に書くことは、少なくとも私には難しいです。1人1人の体験を明らかにしたいのであれば、少ない数の人に協力してもらうだけでもいいかもしれません。一方ある程度のパターンを見つけたいのであれば、一定数がいるでしょう。

　ただし、ライフストーリーのインタビューは、過去を振り返る必要があるため、過去を振り返ることが苦手な人、過去を振り返る時期ではない人にはお願いできません。またトピックによっても振り返ることができるかどうかは変わると思います。快く調査に応じてくれたとしても、あまり話せない人には、それ以上深追いしないほうがいいかもしれません。

　さらに、研究協力者の文化的社会的背景を研究者自身が知っているかどうかも同様に大きな問題です。私は、中山（2016）の中の5人のストーリー以外に、大学院から日本に来た韓国人留学生3人にも調査に協力してもらいましたが、ストーリーにすることができませんでした。まったく自分が体験したことがない理系研究室の生活が理解できなかったからです。つまり、インタビューをしても話の行間が読めないのです。「自分が理解できるお話の幅は、自分の幅である。それを超えた話は聞いてもわからない」という言葉を聞いたことがありますが、特にまったく異なる体験をした人の話を、インタビューだけで理解するのは難しいのではないでしょうか（山田2013）。

　ライフストーリーはインタビューを中心として調査することが多いですが、できれば、その人と雑談をする時間を持ったり、その人が生活している場を見せてもらったり、友達といっしょにいるところについて行ったりすることで、理解の幅を広げる必要があると考えます。もちろん、写真や手紙など、見せてもらえるものがあれば、見せてもらえばいいと思います。

6.4.4　インタビューする

　インタビューをする前には、必ず調査の目的、調査にかける時間（インタビューは何分ぐらい、何回ぐらい行われる予定なのか）、調査結果はどのように使われるのか、調査結果はどのように協力者に還元されるのか、調査に参加すること

によって得られる利益はあるのか、逆に不利益はないのか、調査への参加は任意であること、いつでも止められること、過去のことを思い出して嫌な気分になるかもしれないことなどをできれば文書にして、説明し、理解してもらってください。私は、アジアの大学生にインタビューすることが多いので、堅苦しい雰囲気を作りたくないこと、サインをすることで逆に、調査を途中で抜けるのは難しいという印象を与えることから、口頭で説明することが多いです。大学の倫理委員会や投稿論文の規定にも倫理事項が盛り込まれることもあるので、できるなら紙面で確認したほうがいいかもしれません（桜井・小林 2005）。

インタビューは、できるだけ相手の都合に合わせてください。場所は、録音することを考えると、静かなところがいいと思いますが、そういう場所に行くことができないなら、マイクをつけてもらうことも可能です。

録音する前には、必ず、研究協力者の承諾をもらってください。いくら仲のいい人だとしても、やはりマイクをつけたり、レコーダーを前にすると緊張するようです。さりげなく置いておく方がいいと思います。インタビュー中、本当にリラックスして話していたように見えた人が、レコーダーを切ったとたんに、インタビュー時とは違う話をしたり、切っていることを確認してから「ここだけの話」をすることもあります。それは当然、「ここだけの話」なので、ストーリーとして公表することは慎重になる必要があります。

インタビューを始める前は、何を質問するのか、どうやって話を始めるのか、インタビュー中にメモをとるのか、音声レコーダーは何を使うのか、十分にバッテリーがあるのか、それらの予備はあるのかなどを考えておく必要があります。あらかじめ、どんなことについて話してもらいたいのか協力者にお願いすることもできます。それに関連する写真を探してきてくれたり、思い出を考えておいたりしてくれるかもしれません。

実際のインタビューのノウハウについては、達人の説明をよく読んでください。日本のライフストーリー研究は、社会学の生活史研究の中から受け継いだ蓄積があります。研究者と協力者の関係や倫理、文字化に関わる問題については、多くの議論が行われているので、参考にしてください。

それらの中で、特に大切だと思われる点は、インタビューは普通の会話で

はないという指摘です。リラックスするために「会話のように」話をしますが、実は、調査者が聞きたいことを話してもらうために、いろいろな質問をしているという「特殊な会話」（クヴァール 2016）なのです。いくら親しくなっても、何のためにこの会話をしているのかは忘れないでください。

6.4.5 フィールドノーツを書く

　インタビューが終わったら、協力者と出会ってからのこと、インタビュー中に気づいたこと、インタビュー後のことなど、ノートに書いておいた方がいいでしょう。それは、なぜ、そう思ったのか、自分の解釈を確認したいときに役に立つことがあるからです。フィールドノーツだけではなく、研究日誌を書いて、その中にインタビューのフィールドノーツを書くこともできるでしょう。時間が経ってからインタビューの状況やその日の自分、協力者の様子を思い出すのにも、フィールドノーツは非常に有効です。

6.4.6 文字化する

　文字化の方法も、どのような目的でライフストーリーを聞くのかによって異なってきます。もし、「どのように」ライフストーリーが語られたのかを分析するのであれば、ディスコース分析の手法を使う必要があるでしょう。また、ライフストーリーで「何」が語られたのかを重視する立場であれば、そこまで詳しい文字化は必要ありません。

　私は、「何が」語られたのかを重視している立場をとっています。その立場の文字化の例をあげておきます。

　　キム：考え方も　なんかアジア人と違いました　あのー　いっしょにイベ
　　　　　ントとか　あのー　飲み会とか　あのー　いっしょにご飯つくって食べる
　　　　　ときも　ちょっと面倒なこと　自分一人がお金をもらって　計算してな
　　　　　んか店にあげたりとか　他は予約することとか　自分の部屋で　パー
　　　　　ティーすることとか　みんなしたくないんですね　ちょっと面倒で　自分
　　　　　の家でやったらなんか　汚くなるし　一人にお金を預けて　なんか　ど
　　　　　こかに払うときも　もし計算が間違えてあるいは　他の友達　あるいは

ある友達が後であげるよ//うん//と言って　会えない時もありますね//うん//　いろいろ面倒な状況で　あ　私がするわ　と　して　ヨーロッパ人たちが　して　あの　飲み会が終わったときも　ちゃんと片づけて　皿とか洗ったり

中：ヨーロッパ人も洗ったんだ　{{日本人だけじゃない

キム：{{はい　その時に　ポーランドの女の子たちが　お好み焼きつくるイベントで　みんな遊んでいるとき　自分が　音楽をなんか携帯で　音楽を

中：かけて

キム：はいかけて　皿を洗いながら　洗うことをみて　えー偉いなと思いました

中：ふーんえらいね

（//はい//　は、あいづち。{{は重なり。他に（沈黙）を入れる場合もある。文字化の段階では、文の切れ目がはっきりわからないため、句点、句読点は入れない）

6.4.7　ストーリー化する

　私は、物語とは、過去の出来事をある筋によってつないだ話だと考えています（リクール2004）。私は、ライフストーリーを主に、過去の体験の意味を明らかにするための手法として使っていますが、体験の意味とは、出来事を他の出来事につなげることによって初めて生まれるからです。さらに、そのつなげられた出来事の意味は、聞き手や読み手によって解釈されるものです（第1部参照）。ストーリーの終点は、現在の研究協力者の姿です。そのために以下のような手順を取りました。

　まず、文字化されたものを何度も読みます。そして、インタビューで語られたことを、項目ごとに分け、それを時間軸に並べ替えます。ただそれだけでは、ストーリーにはなりません。そこに、出来事をつなげるプロット（ミュトス／筋）を見出し、お話を作る必要があります。その人の現在にとって、それぞれの出来事がどのような意味を持っているのか、わかるようになるのが理想です。私は、過去の出来事がプロットに並べられるようになったときに、一応わかったということにできるのではないかと思っています。

項目例

・ヨーロッパ人の考え方はアジア人と違った。
・ヨーロッパ人は、飲み会などで面倒くさいことでも自分からした。
・飲み会などで面倒くさいことは、お金を立て替えること、予約すること、自分の部屋を貸すこと。立て替えたお金が戻ってこない、部屋が汚くなる、計算間違いをするなどが面倒くさい。
・ヨーロッパ人は、飲み会の後、自分から片付けたり、皿を洗ったりする。
・ポーランドの女の子がお好み焼きパーティーで、他の子が遊んでいても、音楽を聞きながら自分から皿洗いをした。
・キムさんは皿洗いをするポーランド人の女の子を見て、偉いなと思った。

　プロットを作ることをゴールにすると、インタビューを1回だけ行うのでは、語られたことの意味がわからないことがほとんどです。わからなかったことを聞くため、また1回に多くのことを振り返れる人もいれば、そうでない人もいるので、2回、3回とインタビューを重ねます。そして、同じように、文字化、熟読、プロット化を行います。それと同時に、語りの中で、リサーチクエスチョンに十分答えてもらっているのかどうかは、チェックする必要があります。

　このやり方の欠点は、インタビューで語られたことを1つのストーリーにしてしまうということです。例えば、1人の人は、いくつものストーリーを生きています。私も研究する人としての人生だけではなく、娘として、母として、教育者としての人生も歩いています。1つのストーリーにのみ注目してしまうと、実は語られていたであろう、他のストーリーに目配せできなくなってしまいます。この点をどのように解決しているのかは、私の今後の課題です。

6.4.8 ストーリーを返す

　インタビューの文字化を研究協力者に見せたことは私はありませんが、多くの研究者がしていることです。私がそれを見せなかったのは、研究協力者の時間をあまりにもたくさん奪うのではないかと気になったからです。結局、私はストーリーを見せて、承諾をもらったり、修正をもらったりしたことしかありません。インタビューの文字化を見せることで、そこで語ってもらえなかった話を追加でしてもらえることもあります。

6.4.9 論文化する

　上にも述べましたが、私は、調査を進めながら自分のリサーチクエスチョンを考えました。なぜかというと、どんな話が出てくるのか、ストーリーを聞いてからでないとわからない部分があるからです。ストーリーを書きながら、文献調査も同時に行います。そうして、自分が聞いたストーリーは、先行研究とどんな関わりがあるのか、より深く考えるのです。

　論文化する際に考えなければならないことは、どのようにストーリーを書くのかです。ストーリーをどのように提示するのか、研究協力者の言葉をどのように引用するのか、調査者の声をどのように語るのか、いろいろな書き方を工夫してみてください。

　私の場合、どのように上手になったのですかという質問に対して、研究協力者5人すべてが、友達をどのように作ったのか、会話がどう上手になっていったのかという話をしてくれました。そこで、Norton（2000）で使われていた文化資本という概念を使って分析しました。

　考察が完成した段階で、協力者に見てもらうことも大切なことです。それによって、自分の解釈が協力者にとって妥当なものかどうかがわかるからです（トライアンギュレーション）。この点は、研究協力者にどう、研究に参加してもらうのかという点とも合わせて、非常に重要な点です。

（中山亜紀子）

参 考 文 献

青木直子（2016）「21世紀の言語教育：拡大する地平、ぼやける境界、新たな可能性」『ジャーナルCAJLE』17：pp.1–22．カナダ日本語教育振興会

蘭由岐子（2009）「いま、あらためて"声"と向き合う」『社会と調査』3：pp.38–44．社会調査協会

石川良子（2015）「〈対話〉への挑戦—ライフストーリー研究の個性」桜井厚・石川良子編著『ライフストーリー研究に何ができるか対話的構築主義の批判的継承』pp.217–248．新曜社

太田裕子（2010）『日本語教師の「意味世界」—オーストラリアの子どもに教える教師たちのライフストーリー』ココ出版

大谷尚（2019）『質的研究の考え方—研究方法論からSCATによる分析まで』名古屋大学出版会

岸政彦・石岡丈昇・丸山里美（2016）『質的社会調査の方法—他者の合理性の理解社会学』有斐閣

倉石一郎（2007）『差別と日常の経験社会学—解読する"私"の研究誌』生活書院

クヴァール、スタイナー（2016）能智正博・徳田治子訳『質的研究のための「インター・ビュー」』新曜社（Kvale, Steinar. (2007) *Doing Interviews*. Thousand Oaks, CA: Sage.）

小林多寿子（1995）「インタビューからライフヒストリーへ—語られた「人生」と構成された「人生」中野卓・桜井厚編『ライフヒストリーの社会学』pp.43–70．弘文堂

小林多寿子（2010）『ライフストーリー・ガイドブック—ひとがひとに会うために』嵯峨野書院

小森陽一（2000）『小森陽一、ニホン語に出会う』大修館書店

佐藤正則（2015）「語り手の「声」と教育実践を媒介する私の応答責任—日本語教育の実践者がライフストーリーを研究することの意味」三代純平編『日本語教育学としてのライフストーリー—語りを聞き、書くということ』pp.220–245．くろしお出版

桜井厚・小林多寿子（2005）『ライフストーリー・インタビュー入門』せりか書房

桜井厚（2002）『インタビューの社会学—ライフストーリーの聞き方』せりか書房

桜井厚（2018）「たった一人のライフストーリー—自己語りの一貫性と複数性」小林多寿子・浅野智彦編『自己語りの社会学—ライフストーリー・問題経験・当事者研究』pp.134–156．新曜社

瀬尾悠希子（2020）『多様化する子ども達に向き合う教師たち—継承語教育・補習授業校におけるライフストーリー』春風社

中野卓（1977）『口述の生活史―或る女の愛と呪いの日本近代』御茶の水書房

中山亜紀子（2016）『「日本語を話す私」と自分らしさ―韓国人留学生のライフストーリー』ココ出版

西倉実季（2009）『顔にあざのある女性たち―「問題経験の語り」の社会学』生活書院

波平恵美子（2016）『質的研究Step by Step第2版―すぐれた論文作成をめざして』医学書院

ネウストプニー、J. V.（1982）『外国人とのコミュニケーション』岩波新書

林貴哉（2018）「ベトナム人集住地域における複数言語の使用と学習に関する研究―日本に定住した中国系ベトナム難民のライフストーリーから」『言語文化教育研究』（16）pp.136–156. 言語文化教育研究学会 https://doi.org/10.14960/gbkkg.16.136

朴沙羅（2017a）『外国人をつくりだす：戦後日本における「密航」と入国管理制度の運用』ナカニシヤ出版

朴沙羅（2017b）「家（チベ）の歴史を書く―生活史の入り口」『@プラス』（31）：pp.106–121. 太田出版

朴沙羅（2018）『家（チベ）の歴史を書く』筑摩書房

バフチン、ミハイル（1996）伊東一郎訳『小説の言葉』平凡社ライブラリー

フランク、アーサー（2002）鈴木智之訳『傷ついた物語の語り手―身体・病い・倫理』ゆみる出版（Frank, Arthur W. (1997) *The Wounded Storyteller: Body, Illness, and Ethics.* Chicago, IL; University Chicago Press.）

ベルトー、ダニエル（2003）小林多寿子訳『ライフストーリー―エスノ社会学的パースペクティブ』ミネルヴァ書房

ホワイト、マイケル・デビッド　エプストン（1992）小森康永訳『物語としての家族』金剛出版（White, Micheal and David Epston (1990) *Narrative Means to Theraputic Ends.* New York, NY; W. W. Norton & Company.）

宮本常一・安渓遊地（2008）『調査されるという迷惑―フィールドに出る前に読んでおく本』みずのわ出版

三代純平編（2015）『日本語教育学としてのライフストーリー―語りを聞き、書くということ』くろしお出版

三代純平（2015）「「グローバル人材」になるということ―モデル・ストーリーを内面化することのジレンマ」三代純平編『日本語教育学としてのライフストーリー―語りを聞き、書くということ』pp.112–138. くろしお出版

安田裕子（2005）「不妊という経験を通じた自己の問い直し過程―治療では子どもが授からなかった当事者の選択岐路から」『質的心理学研究』（4）pp.201–226.

質的心理学会

山田富秋（2013）「インタビューにおける理解の達成」山田富秋・好井裕明編『語りが拓く地平』せりか書房

やまだようこ（2007）『質的心理学の方法—語りを聞く』新曜社

リクール、ポール（2004）久米博訳『時間と物語Ⅰ—物語と時間性の循環／歴史と物語』みすず書房（Ricœur, Paul. (1983) Temps et Récit. Tome I: L'intrigue et le Récit Historique, Paris, France: Le Seuil.）

リースマン、キャサリン コーラー（2014）大久保巧子・宮坂道夫訳『人間科学のためのナラティブ研究法』クオリティケア（Riessman, Catherin K. (2007) *Narrative Methods for the Human Sciences*. Thousand Oaks, CA: Sage.）

Barkhuizen, Gary. (2013) Introduction: Narrative Research in Applied Linguistics. In Gary Barkhuizen. (ed.) *Narrative Research in Applied Linguistics*. pp.1–16. Cambridge, UK: Cambridge University Press.

Benson, Phil. (2014) Narrative Inquiry in Applied Linguistics Research. *Annual Review of Applied Linguistics*, 34: pp.154–170.

Creswell, John W. (1998) *Qualitative Inquiry and Research Design: Choosing among Five Traditions*. Thousand Oaks, CA: Sage.

Frank, Arthur. (2000) The Standpoint of Storyteller. *Qualitative Health Research*, 10 (3): pp.354–365.

Mann, Sarah J. (1992) Telling a Life Story: Issues for Research. *Management Education and Development* 23 (3): pp.271–280.

Mann, Steve. (2011) A Critical Review of Qualitative Interviews in Applied Linguistics. *Applied Linguistics*, 32 (1): pp.6–24

McAdams, Dan.P. (1993) *The Stories We Live By*. New York, NY: William Morrow & Company.

Norton, Bonny. (2000) *Identity and Language Learning*. Harlow, UK: Pearson Education.

Pavlenko, Aneta. (2002) Narrative Inquiry: Who's Story Is It Anyway? *TESOL Quarterly*, 36 (2): pp.213–218.

Pavlenko, Aneta and James Lantolf. (2000) Second Language Learning as Participation and the (Re) construction of Selves. In James Lantolf P. (ed.) *Sociocultural Theory and Second Language Learning*, pp.155–177. Oxford, UK; Oxford University Press.

Sparkes, Andrew. C. and Brett Smith. (2014) *Qualitative Research Methods is Sport, Exercise and Health; from Process to Product*. New York, NY; Routledge.

Talmy, Steven. (2010) Qualitative Interviews in Applied Linguistics: From Research Instrument to Social Practice. *Annual Review of Applied Linguistics*, 30: pp.128–148.

注

i——例えば西倉（2009）は、単純性血管腫（いわゆる「あざ」）がある女性たちにとっての「あざ」の意味や「あざ」のある体験を、インタビューを通して明らかにしました。安田（2005）は、不妊治療という医療行為がその人の人生とどう関わっているのか、援助のタイミングがわかるようにTEMを使って明らかにしました。

ii——日本語教育でも、教室外での言語学習体験や言語使用体験にまつわるストーリー（三代編 2015、中山 2016、林 2018）、また教師側のストーリー（太田 2010、瀬尾 2018）など、従来の研究では注目されてこなかった体験に光が当てられてきました。

iii——英語の文献では、自伝、自伝的研究、インタビューで得られたストーリーを含め、ライフストーリーよりも、Narrative Inquiryという用語を使うことのほうが多いようです。Benson（2014）は応用言語学の中のNarrative Inquiryとして、1）Labovなど社会言語学の研究、2）人々が自分の人生に意味を与える方法として、ライフヒストリー、自伝、ナラティブアイデンティティの研究など、3）リオタールのグランドナラティブに影響を受けた文化の中の大きな物語研究、4）Bambergなど日常的な雑談の中で構築されるアイデンティティの研究をあげています。これはあまりにも異なる認識論をもった多くの研究がいっしょくたにしている感じがします。

iv——つきあいが長くなれば、深い話が聞けるというわけではなく、当然知っているものとして、話が省略されることもあります。また、友人／知人として知っていることを、どこまでストーリーに盛り込めるのか、わからないという点もあります。私が彼らの授業を担当していた当時のことを、「先生も知っているじゃないですか」と、当然、私も同じことを覚えているという前提で話が進みましたが、私ははっきりとは覚えていなかったということもありました。

調査協力者を仮名にするか、実名にするか

「私の名前は実名にしてほしいんですが。」

　ライフストーリー・インタビューに協力してくださっていた方の1人が、あるとき私にこういいました。研究者は、研究結果を公開することが調査協力者の不利益にならないようにする責任を負っています。そのため、仮名を用いて調査協力者やその周囲の人々のプライバシーを守ろうとする実践が、ライフストーリー研究にかぎらず広く行われています。私も調査結果を公にする際には調査協力者を仮名にしたり、その他の固有名詞を伏せたりして匿名性を保つよう努めてきました。ですから、正直にいうと実名を出したいという調査協力者のことばに最初は戸惑いました。実名だと調査協力者だけでなく関係する個人や機関も特定されて思わぬ影響を及ぼすのではないか、書けないことが多くなって研究目的を達せられなくなるのではないか、といった不安が頭をよぎったのです。

　同時に、調査協力者の希望を無視することはできないとも思いました。論文の作者は調査者である私だけではないからです。小林（2000）は、固有の経験を語る第1の作者としての調査協力者と、語りを解釈し編成する第2の作者としての研究者の双方がいて、はじめてライフストーリーを呈示することが可能になると述べています。語りはインタビューの場における語り手と聞き手の相互作用を通して構築されること（浅野 2001, ホルスタイン・グブリウム2004）を考えても、研究者だけを作者と考えることはできないでしょう。さらに、私の場合は一度編成したストーリーを調査協力者に読んでもらって書き直していったため、私1人が論文の作者だとは到底いえませんでした。

　もう1人の作者である調査協力者の希望や貢献に敬意を払うべきだという

考えや、仮名にしたところで個人を詳細に記述する研究では素性を隠しとおすことはできないという考えなどから実名を使用している質的研究の論文もあるようです（ラングネス・フランク 1993）。Aoki with Hamakawa（2003）のように、調査協力者と連名で論文を出すケースもあります。パーカー（2008）は、調査協力者を匿名にすることで実際に守られているのは研究者だと指摘しています。匿名としたことがアリバイとなって書かれた人々からケチがつけられにくくなったり、研究者が一手に情報を統制する権限が得られるからだといいます。

　このように考えると調査協力者の希望に沿って実名を使ったほうがよさそうに感じられますが、やはり決定は慎重に行わなければならないと思います。実名を出すことが調査協力者本人や関係する人々にどのような影響を与えるか、情報公開の責任を調査協力者に転嫁することになっていないか、もし仮名を選択するとしたら調査協力者は納得できるのか、仮名の使用がパーカー（2008）が指摘するような「アリバイ」になっていないか、など多くのことを考えたうえで実名にするか仮名にするか決める必要があるでしょう。

　実は、冒頭の調査協力者の名前をどのように示すか、まだ決められていません。調査協力者の気持ちを聞いたり私が抱いている懸念を伝えたりしながら、調査協力者と話し合っていくつもりです。

　もしあなたが「私の名前は実名にしてほしいんですが。」といわれたら、どうしますか。

（瀬尾悠希子）

· ·

参 考 文 献

浅野智彦（2001）『自己への物語論的接近—家族療法から社会学へ』勁草書房
小林多寿子（2000）「二人のオーサー—ライフヒストリーの実践と呈示の問題」好井裕明・桜井厚編『フィールドワークの経験』pp.101–114. せりか書房
パーカー、イアン　八ツ塚一郎訳（2008）『ラディカル質的心理学—アクションリサーチ入門』ナカニシヤ出版（Parker, Ian. (2005) *Qualitative Psychology: Introducing Radical*

Research. Berkshire, UK: Open University Press.）

ホルスタイン、ジェイムズ・グブリアム、ジェイバー　山田富秋・兼子一・倉石一郎・矢原隆行訳（2004）『アクティブ・インタビュー――相互行為としての社会調査』せりか書房（Holstein, James A. and Jaber Gubrium F. (1995) *The Active Interview*. Thousand Oaks: Sage.）

ラングネス、L. L.・フランク、G.　米山俊直・小林多寿子訳（1993）『ライフヒストリー研究入門――伝記への人類学的アプローチ』ミネルヴァ書房（Langness, Lewis L. and Frank Gelya. (1981) *Lives: An Anthropological Approach to Biography*. Novato, CA: Chandler & Sharp Publishers.）

Aoki, Naoko with Hamakawa, Yukiyo. (2003) Asserting Our Culture: Teacher Autonomy from a Feminist Perspective. In Palfreyman, David and Richard Smith C. (eds.), *Learner Autonomy Across Cultures: Language Education Perspectives*, pp.240–253. Basingstoke, UK: Palgrave Macmillan.

第7章

M - GTA
（修正版グラウンデッド・セオリー・アプローチ）

7.1 はじめに

　この章では、修正版グラウンデッド・セオリー・アプローチ（以下、M-GTA:
Modified grounded theory approach; 木下 2007）を用いて行った中国人日本語学習者の
学習動機に関する研究（中井 2018）を例に、M-GTAの研究方法としての特徴
を概観するとともに、分析過程におけるリフレクティブな解釈と実践研究と
しての可能性について考えてみたいと思います。M-GTAというのはその名
の通りGTAに修正を加えたもので、そもそもGTAとは、グレーザー（グレー
ザー＆ストラウス 1996）によって社会調査研究を批判する形で提唱された研究方
法のことです。どのような批判だったのかというと、社会現象を明らかにし
ようとするとき、研究者間で通用している理論の枠組みを当てはめた分析で
は、実際の社会で聞かれる声や現状が反映されていないことが多いため、現
場から収集されたデータに根差した分析と理論生成を行う必要があるという
ものでした。その批判を踏まえて提唱された方法がGTAで、ざっくり言えば、
図1のイメージのように、ある現象に関するデータを収集し、そのデータの
中から現象を説明する理論を抽出するという方法です。
　ここで紹介する中井（2018）は、日本語学校で学ぶ中国人学習者の学習動機
の形成過程をM-GTAを用いて理論化した研究です。では、次になぜ私がこ
の研究を行い、M-GTAという方法論を用いたのかについて、当時の背景を

振り返るとともに、どのようにリサーチクエスチョンを立て、データを集め分析を行ったのかについて説明していきます。

　まず、この研究を行った2000年前半、ある日本語学校で私が実際に目にしていた現象について説明します。当時、中国では経済発展に伴う留学ブームが起きていたこともあり、その学校に来る学習者が急増していました。しかし、入学者の増加とともに進級できずに同じレベルにとどまる再履修者も増えていき、彼らを指導する教師がその対応に頭を悩ませていました。私も含め、当時の教師や学校における共通理解として（私の感触としてですが）、「やる気がない」、「反応がない」、「指示を聞いてくれない」、「対応に困る」といったものがあったと思います。しかし、再履修者と付き合っていく中で、彼らもほかの学習者と同じで、日本語学習へのやる気や期待を最初は持っていたし、授業中には見せない「楽しそうな」顔をすることがあることも分かりました。私は、この状況を受けて、何が原因でこのような事態に陥っているのかという疑問を持つようになりました。そして、教師や学校がこの問題への対応策を見いだすためには、やる気をなくしてしまった彼らの経験を理解する必要があるのではないかと考えたのです。しかしここに至るまでにはかなりの紆余曲折がありました。そこで、研究としての方向性を決めるまでのリサーチデザインをどのように行ったのかについて見ていきます。

図 1｜データから抽出される理論

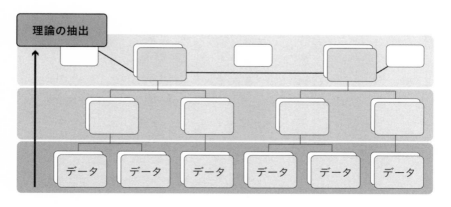

7.2 リサーチデザイン

　総論の部分で述べられているように、何かを明らかにしようする際には、その明らかにしようとしているものの質に加え、何のために明らかにしようとしているのか、また、現実的に研究者はどういう手段であればそれが可能なのかということを考えながら研究手法や調査方法を検討していく必要があります。明らかにしようとするものが、外界に存在するものであって、ある手続きを踏めばそれにたどり着けるというものであれば、実証主義的な手続きを踏むことになるでしょうし、例えば他人の経験や経験が持つ意味など、明らかにしようとするものが外界に独立して存在するものではなく、一定の手続きを踏んだとしても誰もが同じ答えにたどり着けるというわけではないケースであれば、社会構築主義といった認識論に立つ手法を取る必要があるということになります。かといって、実際に現実的な方法であるのかを考える必要もあります。時間的にも状況的にも実現可能であるかという面から方法を検討することも現実問題として必要なことでしょう。他者の経験を知りたいということで研究参加者の生活に入り込む必要があったとしても、調査としてまとまった時間が取れない、あるいはそういった研究参加者に出会う機会がないということもあります。つまり、研究は明らかにしたいこととその方法、また、それが実現可能な状況にあるのかという3つのバランスの中で決定されるということです。もう少し踏み込んで言うと、まず、明らかにしたいことを決めるには、まずは研究者自身が何を知りたいのかという動機づけともなるpersonal goal、学術的な目的であるintellectual goal、さらにその研究を行うことで実践をどう変えたいのかというpractical goalを設定し、その中で決定するとより意義のあるリサーチクエスチョンが立てられます（Maxwell 2005）。それと同時に、明らかにしたいことが見えてきたら、その領域における概念的枠組みや理論的枠組みを知る必要があります。例えばこれまでの研究では研究と関連する概念がどのように定義されているのか、どのような理論的枠組みに基づいて研究されているのかについて、研究者の研究的背景や近似の研究領域から探っていきます（大谷 2019）。そうすることで、何が明らかになっていて何が明らかになっていないのか、その研究の歴史に新たな知

見を積み上げるには何をどういう方法で明らかにしなければならないのかが分かります。つまり、知りたいことが見つかれば、まずはその研究領域の歴史を知ることが必要であり、そうすることで、そこに一石を投じるためにはどのようなリサーチクエスチョンを立て、研究方法を取ればいいのかが決まっていくということです。

図 2｜研究方法の決定

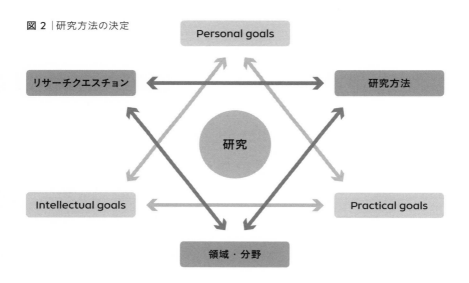

　繰り返しになりますが、中井（2018）では、日本語学校で起こっている再履修者の問題が起こる過程を可視化し、現場の改善を目指すということでM-GTA という方法を採用しましたが、このリサーチデザインを組み立てるまでに相当時間を費やしています。実は私が研究に取り掛かり始めたころの問題意識は日本語教育における作文教育に向いていました。作文のテキストを使ってもうまくいかないという現状から、学習者が書いた作文を分析し、そこから得られた問題を落とし込んだテキストを作ることで作文教育に関する問題を少しでも解決しようと考えていたのです。しかし、図 2 の解説で述べたように、自身の個人的な関心を振り返りつつ、様々な研究やその方法を知っていく中で、自身の問題意識は再履修者の「やる気」に関する問題にあったことが分かりました。さらに、当時の私は、学習者の経験を理解すること

は研究という範疇からは外れたものであると認識していたのですが、それを研究として成立させる質的な方法があるということを知りました。その結果、私が最も懸念を抱いていた再履修者のやる気の問題を取り上げ、現場の改善を目指すこと、そして、当時はアンケート調査などを用いて要因を抽出することで研究されることが多かった学習動機研究に異なる視点から迫ろうと考え、そのための研究の枠組みを組み立てたのです。では、なぜM-GTAを採用したのでしょうか。次に研究方法としてのM-GTAについて考えていきたいと思います。

7.3 M-GTAを用いた学習動機研究

7.3.1 GTAの背景にある理論的背景

　M-GTAを考える前に、まず、その元となっているGTAの理論的背景について見ていきたいと思います。GTAは現場で起こっている事象を理論化することを目指していますが、その背景にはシンボリック相互作用論があります。このシンボリック相互作用論に関する説明の中で、ブルーマー (1991) は以下のように述べています。

> 行為の研究は、行為者の立場から行われなくてはならない。行為というものは、行為者が知覚し解釈しそして判断したものの中から、行為者によって作り上げられる。だから、そこで起きている状況を、行為者がそれを見るように見なくてはならない。行為者と同じように対象を知覚し、行為者にとっての対象の意味に即して、その対象の意味を特定化し、行為者のやり方に即して、その行動の方向を追跡しなくてはならない。(中略) 行為の始動要因と、その最終結果を研究するのではなく、ひとつの形成過程を研究することに関心を移さなくてはならない。行為を行為者の内部に外部から喚起されるものとして見るのではなく、行為者によって作り上げられていくものとして見なくてはならない。行為が起きる環境を、それが外部の研究者にとってどう見えるかではなく、その行為の当事者にとってどう現れるかという見地から記述しなくてはならない。(p.95)

つまり、その人がなぜそのような行動をとり、そこでどう感じてきたのか
という人の経験を明らかにするには、その行為者が彼らを取り巻く世界をど
う見ているのか明らかにすることに加え、行為者によって作られる行為の形
成過程を見ていく必要があるということになります。やる気がないと見られ
ていた学習者がいったいどのような環境に身を置き、学習を捉えているのか
を知ろうという中井（2018）の問題意識は、上に述べたようなGTAの理論的
背景と合致していると言えます。

7.3.2　なぜGTAではなくM-GTAを用いたのか

　では、なぜGTAではなくてM-GTAを用いたのでしょうか。その点につい
て考えてみたいと思います。実際に調査を行うとき、明らかにしようとする
社会現象に着目し、それに関するデータを研究者が収集するわけですが、例
えばインタビューをしてデータを収集するとすれば、インタビューに必要な
質問項目や、インタビューを進める中でここを深く掘り下げてみようと更な
る質問項目を立てるのは研究者であり、インタビュイーとインタビュアーで
ある研究者とのやりとりの結果を踏まえて決められます。つまり、収集した
データはそのデータが存在していた文脈が持つ特徴（研究を目的とした語り合いの
場という特殊性など）を無視することはできない上、データ収集やその解釈には
研究者の主観や研究参加者との相互作用が影響しているということになるた
め、構築主義的に捉えるべき側面があると考えられます（シャーマズ 2011）。研
究者の主観は排除しきれないというこの問題を解決するのに、M-GTAで取り
入れられている経験主義という観点が非常に有効的でした。経験主義は「現
実を理解するためにデータ化を行うこととその人間による感覚的な理解」（木
下 2007：29）が重要であるという見方で、M-GTAは研究者の主観を経験とい
う形で捉え積極的に取り込んでいるからです。「行為は行為者がどう世界を見
ているかに即してその世界に対して行為するのであって、外部の観察者にど
う見えるかにしたがって行為するわけではない」（p.95）というブルーマーの
説明に沿ったものでもあると考えられます。
　GTAという方法は、研究上の概念や理論を通して社会現象を見るのでは

なく、データに根付いた理論を構築し、現場に応用することでその理論に修正を加えていく、つまり、現場にある真実により近づいていこうとする面で、ポスト実証主義的な方法だと言えます。そのため、GTAは、（提唱された当時において）従来の実証主義的な手法とは異なるものであり、研究や調査、理論生成という課題設定そのものを捉え直そうとする質的研究の潮流に位置付けられています。しかし、だれでも行為者の立場に立てばその世界が見えるという点において、GTAは客観主義的な視点からは脱却してておらず、それまでの研究の流れとねじれの関係にあると見ることができると木下（2007）によって指摘されています。

7・3・3　M-GTAの特徴と研究の全体像

　では、そのねじれた関係にあるGTAにどのような修正が加えられてM-GTAが確立されたのでしょうか。次に、木下（2007）をもとに、その修正について具体的に見ていきたいと思います。

　まず、M-GTAもデータに根差した理論を生成するということと、生成された理論を現場に応用することで検証するというGTAの基本的特性は継承しています。しかし、GTAはコーディングの方法に関する記述が非常にあいまいで、実際は研究者の理解に委ねられている部分があると指摘されています。そのため、分析プロセスを明らかにするためにコーディング方法を明確化するとともに、意味の深い解釈と独自の認識論を取り入れるという3つの修正を加えています。その中でも特にM-GTAを特徴づけているのは、独自の認識論だと言えます。

　これは、データ収集・データ分析・分析結果の応用という3つの段階において研究する人間を他者との社会関係に位置づけるインターラクティブ性というものです。図3の左側に示したように、研究者は研究者が研究参加者から収集したデータを完全に独立した第三者として分析することは不可能であり、実際には図3の右側のように、研究者は研究参加者や得られた理論の実践者と関わりを持ち、データ分析における意味解釈の主体として存在していると見ることができます。そこで、「研究する人間」の視点を導入し、研究者の立場を抽象化せず社会関係に積極的に組み込みます。そうすることで、明

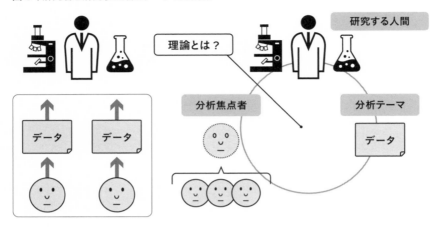

確な他者の存在を研究の視点の中に作り出し、解釈が恣意的になるのを防ぐことができるというのです。また、分析は一定の条件にもとづいて研究参加者を抽象的に定義した「分析焦点者」と「分析テーマ」というデータ分析の上での指標を設定した上で行われます。この分析焦点者というのは、解釈のために設定される視点としての他者であり、データ分析はこの視点を経由し分析テーマに即して行われていくと見なされます。つまり、「研究する人間」の設定によって「誰が、何のために、なぜ、その研究をするのか」ということを明確にし、分析結果の一般化が可能な範囲を規定する「分析焦点者」を通した分析によって、現場への応用性や研究としての発展性のある理論生成を可能にするということになります。

　中井（2018）では、私が所属していた日本語学校で学ぶ学習者の経験を理解し、何が起こっているのかをまとめ、そこから対応策を見出すという状況と目的から、分析テーマをなぜ学習者たちはやる気を失ってしまうのか、どのような過程を経てやる気を失っていくのかと設定し、それを明らかにするための方法としてM-GTAを用いることにしました。「研究者の視点」は日本語学校で中国人再履修者と関わる日本語教師であり、「分析焦点者」は日本語学校で再履修をしている中国出身の学習者となります。研究の概要をまとめると、日本語学校で再履修者の問題に直面し、その実態を明らかにしようと

する研究者が、再履修をしている中国出身の学習者から得たデータを用いて、なぜ彼らは動機を失うのか、何が起こっているのかというテーマを明らかにすべくそこに潜む理論を導き出すということになります。ここで先ほど述べた3つのゴール（personal goal, intellectual goal, practical goal）について改めて振り返ります。中井（2018）の分析テーマは、そもそも私自身が実践を進める上で直面していた問題で個人的に知りたいという目的を達成するものである上に、学習動機の形成プロセスを図式化するという学習動機研究における新たな試みを行うためにも必要なものとなっていました。さらに、M-GTAで生成される学習動機の形成プロセスは現場に応用することで当時抱えていた問題を解決するきっかけとなる可能性を秘めており、分析テーマだけではなく生成される理論そのものが実践への貢献につながるものであったと考えられます。このように、3つのゴールの設定は研究の方向性を決める上で非常に重要であるということが言えると思います。

7・3・4 調査方法のデザイン

　リサーチデザインは前述の図2にも示したように、明らかにしたいこととそれを可能にする方法をその実現可能性を鑑みながら決定していくことから始まっています。実際に目的や方法が決定した後は、具体的な調査方法などを検討し、リサーチデザインをより鮮明にしていきます。次に、調査方法を決定する上で考慮した点について見ていきましょう。

　中井（2018）は、学習者たちがやる気を失ってしまう理由とその過程を明らかにすることが目的でしたが、その調査を行うにはまず、学習者の現状を知るために学習者へのインタビュー調査が必須であると考えました。しかし、教師や学校の対応に関する改善策を得ようとするなら、学習者の言い分をまとめるだけではなく、実際に教師がどのような関わり方をしているのかを明らかにし、総合的に検討する必要もあると考えました。そのため、分析を再履修者へのインタビュー、教室への参与観察、教師へのインタビューという3つの構成で進めました。学習者の声をまとめる、実際に教室では何が起こっているのかを観察する、彼らの指導をしている教師の声をまとめるという3つの異なる捉え方をすることで、より実態に迫ろうと（トライアンギュレーシ

ョンに相当するものです）いうことです。

　実際に調査を進める上では研究参加者を決める必要があるのですが、まず
は私自身が過去に授業で教えていた学習者に依頼しました。インタビュー内
容は彼らのプライベートな部分だけではなく、授業や教師、学校への批判に
もつながるような内容に関するものもあったため、彼らの授業を受け持って
いた教師である私には言いにくいことがあるのも当然で、そのゆえ実態に迫
るのは難しいのではないかと懸念していました。もちろん誰に調査を依頼し
たのかは伏せることも伝えていましたし、公表したくないことがあればデー
タとしては使わないこと、それに加えて調査そのものをキャンセルするとい
うことも可能であるという約束を交わしていました。インタビューは半構造
化インタビューという手法に則り、学習を進める上でどういった困難がある
のかということを中心にいくつかの質問を設定しましたが、インタビューの
中で設定した質問項目とは関係のない話が出てきた場合、必要性があればそ
れを取り上げて聞いていくという形で行いました。どこまでが明らかにした
いことと関係があるのか、それとも脱線なのかという見極めは非常に難しい
ことですが、インタビューは私と研究参加者の対話であって、両者の発言は
その文脈の中から引き出されたものであると考えると、脱線という見方その
ものにも慎重になる必要があると言えます。また、インタビューを始めたば
かりのころは、今話していることは知りたいこととは関係のないことかもし
れないと思われるものであっても、分析やインタビューが進むにつれて、実
はそれらはリサーチクエスチョンを明らかにするうえで重要なポイントであ
ることが分かったり、聞かなければならないことが精錬されていったりする
ことで、脱線そのものが少なくなっていくこともありました。結局、私と研
究参加者との関係がインタビュー内容を制限するのではないかということも、
インタビュー内容が脱線ばかりになるのではないかということも問題になる
ことはありませんでした。その理由の1つとして、M-GTAがデータを補充
しながら理論を組み立ていくという特徴を持っていることがあげられると思
います。さらに、相手を理解するということには文脈を共有していているこ
となどが前提となりますが、私と研究参加者は同じ場所で同じ時間を共有し
ていたということが好条件となったのではないかと考えることもできます。

以上が調査方法を含めリサーチのデザインを決定する際の検討材料でしたが、まだ考慮すべき2つの問題が残っています。それは、他者の経験を解釈するという問題に加え、それらを記述して公表するということで生じる課題です。これらについては、後に詳しく述べることにします。

7.3.5　具体的な分析方法

　次に、実際に行った分析の一部を例に挙げながら、どのように学習者が見ている世界を解釈するのか、データが持つ文脈性をどのように解釈したらいいのかについて考えていきます。M-GTAでは、まず概念の生成を行います。概念とは類似するデータ、あるいは相反するデータを集めた集合体のことです。これを作成するために、分析テーマと分析焦点者に照らし合わせて、文字化データの着目すべき箇所を探していきます。そして、それらの個所の意味を解釈し、概念を生成していきます。概念の生成にあたっては、注目したデータを集めて1つにまとめた分析ワークシートというものを作成します。この概念は生成当初は非常に不安定なものとなりますが、いくつか生成された概念同士の関係（対極にあるのか、階層構造をなすのかなど）に着目し、必要であれば統廃合をさせながら精緻化させます。以下にその分析例を紹介します。

概念の生成例①：概念〈自分が恥ずかしい〉について

　この概念は、彼らが再履修者になることによって感じる「恥ずかしい」という気持ちを取り上げたものです。この概念に含まれる具体例には、次のようなものがあります。

> 「もう一度（＝再履修）は自分に対してとても恥ずかしいです。」（再履修者A）
> 「自分に対して恥ずかしい。」（再履修者B）
> 「やっぱり気持ちは悪い。自分が情けなく思います。」（再履修者C）

　上にあげたデータで言及されている「恥ずかしい」という思いはどういうものでなのでしょうか。もちろん再履修するということで悔しい思いなどをするだろうし、ほかの人に知られることで恥ずかしいと感じるだろうと想像

することはできます。ここで、再履修が決まることによって実際に学習者に何が起こっていたのかを考えてみたいのですが、まず、この日本語学校では新学期に学校の廊下に貼り出されるクラス名簿によって再履修を知らされていました。そして、学習者は再履修者になると1つ下のレベルから上がってくるクラスに混じって学習を続けていかなければなりませんでした。調査の過程で、中国出身の学習者は「面子」を重んじる傾向にあることも分かっていたのですが、そのような文化的背景を持つ彼らにとって、下のレベルから上がってくる人と一緒のクラスで学ぶことになる再履修という事実は精神的にダメージが大きいということが改めて想像できます。再履修のような挫折を経験したことがない、あるいは、特に人前で失敗をさらされてもなんとも思わないという人であれば、彼らがどれほど恥ずかしさを感じているのかは想像すらできないかもしれません。しかし、彼らが発した「他の人に恥ずかしい」や「自分に対して恥ずかしい」と言った言葉を理解しようとするならば、研究者は面子を大事にする彼らが他の学習者にも見られるような形で再履修であることが発表されるとどのような気持ちになるのか、下から上がってきた人たちと一緒に勉強するとどのような気持ちになるのかなど、彼らの文化的背景や置かれている場の特性といったさまざまな文脈を踏まえておく必要があるということになります。

概念の生成例②：概念〈私はもう大人〉について

　次に、〈私はもう大人〉という概念について説明します。この概念に含まれる具体例は以下のようなものです。

> 勉強も分からないから嫌になったり、アルバイトに行くのも疲れるので嫌になったりすることがあります。国に帰りたいと思うときがありますが、日本へ来た以上、私は負けないで頑張ろうと思います。両親と電話で話をしても、体に気をつけて勉強頑張りなさいと言われます。だから、私はここで頑張るしかないんです。〔林060621〕

　再履修者である林（仮名）さんは、インタビューでこのように述べたのです

が、実は同じような声がほかの研究参加者からも多く聞かれました。彼らがちょうど多感な時期にあることは想像できることです。留学するためには資金力を証明する残高証明を入国管理局に提出する必要があったのですが、当時はやはり高額な金額であったため、親戚などからお金を借り集め、留学のための準備資金としていたという話を聞いていました。そのため、留学は両親だけではなく親戚家族を巻き込んだ一大イベントであって、留学する本人は親戚家族の期待を一身に背負って来日するわけです。両親からの支援や期待などに応えるべく、日本での留学生活を送っていく中で、これ以上負担はかけられない、自分のことは自分の力で、自助努力で進めていこうという思いが強くなります。また、先ほども述べましたが、彼らは非常に「面子」を重んじます。再履修者は自立したい、成功したいという強い思いを抱く一方で、その思いとは裏腹に再履修という面子を脅かす状況に置かれてしまっているのです。両親からの支援をありがたく感じるとともにプレッシャーにもなっている彼らの状況は、私にとっては想像でしか理解できないものでした。私には1年と少しですが海外で暮らした経験がありましたが、将来のために行ったわけでもなく、また家族の期待を背負っていたわけでもありません。外国人として海外に滞在した私の経験とは背景が異なりますが、その時の経験を思い出したり、自分が学生の頃に感じてきた精神的な変化を顧みたりすることで、彼らの置かれている状況とそこから生じる彼らの心労を想像することはできた（分かったつもりかもしれませんが）と言えます。このように、彼らにとっての「大人」という言葉は、単に精神的な成長であるという捉え方をするだけではなく、「大人」という言葉の背後にある文脈を踏まえ、自身の過去の経験と照らし合わせながら意味を探る必要があるのです。

　以上のように、解釈を積み上げながら概念を生成していくわけですが、M-GTAでは、これらの概念で構成されるカテゴリーというものも生成していきます。このカテゴリーは、例えば類似する概念を集めたような単なる概念の集合体ではなく、概念同士の関係が全体のプロセスの一部を説明する「動き」を示す関係にある複数の概念によって構成されます。つまり、概念同士が明らかにしたい分析対象の重要な変化のダイナミズムを捉えており、それが分析対象となった現象の改善をもたらす可能性のある新しい見方を提供す

るものになるということです。

**カテゴリーの生成：再履修者がクラスメートとの関係においてどのような影響を受け
ているのかを示すカテゴリー【クラスメートとの関係による影響】**

　このカテゴリーは右記の図4の四角で示されている7つの概念（以下、概念
を［　］で示します）によって構成されており、再履修者の学習動機の低迷や回
復に関わる一連のプロセスを示したものです。まず、これらの7つの概念は、
それぞれ別々に抽出されたすべての概念の中から、クラスメートとの関係に
関連するものとして1つのグループにまとめられたものです。そしてこの7
つの概念を用いて、クラスメートとの関係が学習動機にどのような変化を
もたらすのかを考えます。その流れとしては、既に述べたように、分析焦点者
である再履修者の置かれている文脈を考慮しながらデータを解釈して生成し
た概念を用い、再び分析焦点者の文脈を踏まえつつ概念同士の関係とそれが
どのようなプロセスを作っているのかという解釈を行っていきます。上記の
例で言えば、面子を重んじる傾向にある再履修者が、同じ文化的背景を持つ
後輩にあたる学習者が同じクラスにいることでどのように感じるのか、また、
それがクラス内での人間関係にどのような影響をもたらすのかというように
彼らが置かれている文脈の中で概念同士の関係を捉えます。そうすることで、
図4の左の概念のまとまりが示すように、［自分が恥ずかしい］と感じる再履
修者は、［周りの人の目が気になる］ため、［クラスメートとの交流がない］
状況が続き、［クラスに居場所がない］という事態に陥ることで、学習動機が
低下するというプロセスを見出すことができます。その一方で、［クラスで
の役割］を持つ再履修者にとって［クラスは楽しい］場所となり、［クラス
に居場所がある］と感じるようになります。それによって、低下していた学
習動機が回復していくというプロセスの存在も考えられます。しかし、これ
らのプロセスは概念同士の関係から作られた仮説であるため、分析焦点者の
文脈に実際にあてはまるものであるのか検証しなければなりません。つまり、
概念に含まれる具体例や収集したデータを振り返り、研究参加者に実際に起
きうる事象であるのかを確認するということです。その作業を通じて、上述
の2つのプロセスに当てはまる研究参加者の存在が確認できれば、そのプロ

図4 | カテゴリー［クラスメートとの関係による影響］

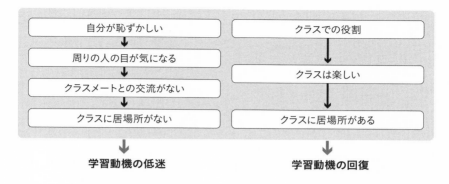

セスは成立するということになります。しかし、確認する中で出てくるのが、それらのプロセスでは説明できない研究参加者の存在です。その際は、その他の概念やそこに含まれる具体例、さらにはデータを全て見直し、学習動機を左右する別のプロセスがあるのかを探る作業へと移ります。このようにして、概念から作ったカテゴリーをもとに、学習動機に影響を与えるようなプロセスを見出し、そのプロセスによって分析焦点者の教室での経験を説明できるのか問い直していきます。この作業を継続することで、分析焦点者を取り巻く文脈を残しながらも、彼らの周りに起こる現象を説明するカテゴリーが生成されていくということになります。

　以上が実際に行った分析の具体例です。上記の説明の中にもありましたが、やはり他者の理解とはどういうことか、研究者とはどういう存在なのかという問題には改めて向き合う必要がありそうです。では、どのようにして行為者の視点から世界を捉え、そこで起こっていることを明らかにするのでしょうか。また、実際にそれができるのでしょうか。

7.4　M-GTAを用いて他者理解を目指す研究とは？

　インタビューや分析の過程において何が起こっているのかに着目し、経験を理解しようとすること、そしてそれを記述するということはどういうことなのか、M-GTAという方法によって作られる理論は何なのかを改めて考え

てみたいと思います。

7.4.1 他者を理解するとは？

　他者の経験を理解する場合、まず、その経験がどういうものであるのかを考える必要があります。例えば、窓から見える景色や聞こえる鳥の鳴き声といった視覚や聴覚に関するものは、その人と同じ場所に立つなど、条件さえ整えればほぼ完全に同じものが経験できるので簡単に理解することはできると思います。しかし、体や心がどう感じたかという知覚や感情になってくると状況は違ってきます。例えば、テーブルの足に自分の足の小指をぶつけたときの痛みや、急いで信号を渡ろうとして交差点の真ん中で転んでしまったときの恥ずかしさは、まったく同じものは再現できなくても、類似した経験から自分の痛みや感情として共感されるものになります。しかし、ペットを失った悲しみというのはどうでしょうか。もし同じ経験がない場合、家族の誰かが亡くなったという想定でその悲しみを類推するしかありません。また、人によってはペットはあくまでも動物であってそんな深い悲しみに襲われるなんて理解できないということもあるでしょう。経験というものは、実際に起きた事象だけで構成されるものではなく、その人の生活や実践が付与する意味付けを持っています（野矢 2016）。そのため、経験に伴う感情というものは「自分にとって直接思い出せない過去の思い出」で、類似した過去の思い出を呼び起こすことで自分の思い出として構成し理解することになります（山口 2009）。したがって、他者の経験を理解するということは自身の経験の中で解釈しなおすというプロセスを伴うことになります。

　さらに、冒頭で取り上げたようにGTAは、他者の役割を取得することで他者が見ている世界と、そこから生まれる行為というものを理解する必要があるという理論的背景を持っています。それを実現するには、発話や行為といった部分だけではなく、その背景にある意図や文脈といった全体を理解する必要があります。この理解をする上で重要なのが、研究参加者の発言という言語から行為の表象を捉えるだけではなく、それを理解する研究者が持っている経験や世界の捉え方といった自身が持つ価値観や先入見も内省するということです。つまり、他者を理解しようとするならば、それをしようとし

ている研究者自身のリフレクティブな理解に迫られるということになります（解釈学的循環：シュワント 2008など）。そして、この先入見の内省は、過去の再解釈をもたらすだけではなく、現在の私を捉え直す自己変容にもつながります（バーガー・ルックマン 2008）。M-GTAに加えられた3つの修正の中に、深い解釈というものがありますが、私はこの深い解釈を可能にするには、自己変容をももたらす研究者自身のリフレクティブな解釈がカギになるのではないかと考えています。

7.4.2　他者の経験を記述するとは？

　前述のように、他者を理解しようとする研究者にはリフレクティブな内省が必要となります。しかし、研究者が向き合わなければならないのは自身の経験やビリーフといった自己理解だけではありません。研究者自身が他者を理解し、それを記述することがどういった影響力を持っているのか、また、それ以前に、研究者が他者の経験を記述するということについても考える必要があります。つまり、実践の場を取り上げる研究における研究倫理に関することです。そして、この研究倫理の問題は、実践者である教師が自身の実践の場を研究する場合には、特に慎重になるべき問題であると言えます。私は学習者にとっては教師という権力を持つ存在であるとともに、研究参加者である教師にとっても専任と非常勤という権力構造からは逃れることができない関係にあるためです。次に、中井（2018）の例に沿って、記述に関して抱えた悩みや問題について考えたいと思います。

　中井（2018）では、学習者と教師それぞれにインタビューを行い、それぞれの視点から彼らが置かれている状況の記述を試みました。学習者へのインタビューでは、私との関係性から断りにくいのではないか、また、話しにくいことがあるのではないかという懸念を持ちました。しかし、私自身の問題意識を伝え理解を得ることで、学習者の世界について、私との関係性において彼らのことばで最大限語ってもらえたと思っています。分析結果では、そのことばを用いて彼らの世界を記述することになるのですが、彼らが語ったことの中には、それを書くことで不利益を被る恐れがあるものがありました。それは教師が彼らの声を教師への不満や批判として捉えるかもしれなかった

からです。そのため、どこまで彼らの語ったことを文字として記すのかも悩ましい問題となりました。また、記述する際に、彼らを主語にして書くことによって学習者の視点であることが強調されるのと同時に、彼らの声として届くことで彼らが直接不利益を被る可能性が高まってしまうということが懸念されました。もちろん、リアルタイムで彼らの声が担当教師に届くわけではなかったのですが、特に再履修者については、「偏見」といってもいいぐらいの認識に基づく学習者と教師の緊張関係をさらに悪化させることもありえたのです。一方で、教師へのインタビューにおいても、断りにくいのではないかという懸念がありましたが、学習者と同様、私自身の問題意識を伝え了承を得ることで、問題意識を共有した形でインタビューに協力していただけたと考えています。また、教師が持っている再履修者への認識を公表することについても、学習者がそれを読むことによって、両者の対立をあおるような構図を作ってしまうことになるのではないかと何度も検討しました。さらに学習者と教師の発言には学校への批判も含まれており、研究参加者の声を記述することは学校との関係をも巻き込む事態となるため、一体何のために彼らの声を記述するのかというジレンマに陥ることもありました。実践の場における問題を取り上げ、その発生プロセスを理論化することで問題を可視化するM-GTAは、研究や社会実践上は非常に意義のある営みであると考えられますが、その場にいる、いわゆる利害関係の中にある当事者にとっては、その関係をかき乱し、現場を改善する前に不利益をもたらすものとなる恐れもあるのです。これらの課題については、私はM-GTAが提唱する「研究する人間」と「分析焦点者」という抽象化された存在を活用することで研究参加者の当事者性を低くし、彼らの文脈に沿った理解を進めるとともに、より抽象度の高い記述になるように努めました。「分析焦点者」が置かれている状況を研究対象とする「研究する人間」と（つまり、私と）同じ問題意識を持つ人が読めば、その人たちの目の前にある問題に関わる人たちの文脈に応じて理解ができるように記述を進めていくということです。私の問題意識から始まり、現場の切実な声を伝え、理解を進めようとする研究ではありましたが、同じ問題意識を持つ人という抽象化された主体を主語として、彼らの声をまとめ現場の問題を記述したことで、本研究の研究参加者に不利益をもたらす

ことはおそらくなかったのではないかと思っています。ただ、今後、実践の場の問題を研究として取り上げようとしている方々のために、研究としてまとめた私自身には幾分かの影響があったということだけお伝えしておきたいと思います。いずれにしても、M-GTA は社会問題を可視化してしまうという特性を持つ方法論であるからこそ、研究者と研究参加者との関係性や取り上げる社会問題に関わる当事者への影響といった研究倫理の問題を熟考する必要があると言えます。

7・4・3　M-GTA で作られる理論とは?

　他者を理解する方法として、本章であげた研究では主にインタビューという方法を用いています。ではこのインタビューのなかでどのように他者の理解が行われているのでしょうか。

　インタビューのように人と人との間で行われる対話について、バフチン（1995）は次のように述べています。対話の中では、聞き手は話し手のことばの意味を理解すると同時に、その意味に向けてある態度を取る、つまり、返答するなどの何らかのアクションを起こします。このアクションへの返答の際に発せられたことばは、その返答を生み出すきっかけとなった聞き手の発話が先行しており、その発話があることでことばが意味を持つようになります。そして、理解するということは「他のコンテキストとの相関と新しいコンテキスト（自分の、現代の、未来の）における意味づけのし直しであ」り、「対話的運動の諸段階」であるとしています（バフチン 1988：328）。つまり、人の経験というものは、インタビューという対話の中で、聞き手である研究者と研究参加者との関係性の中で築き上げられた過去の記憶であり、その記憶への新たな意味づけであると言えます。そして、M-GTA で得られる理論というものは、このインタビューで築き上げられた過去の記憶とその意味付けを研究者が解釈し導き出したものであるということになります。というふうに考えると、M-GTA で生成された理論というのは一体何なのでしょうか。

　そもそも、M-GTA によって生成される理論は、ある社会現象のプロセスを説明するものであって、その特徴は客観主義的・実証主義的観点から言えば主観が排除されていて、現場の改善を可能にするものと定義されています。

しかし、先に述べたように、人の経験に関するM-GTAの研究で起こっているのは、インタビューを通して構築した研究者と研究参加者の共同の産物（研究参加者の経験とその理解）を研究者が解釈し現場の改善を目的として理論を生成しているということになります。言い換えると、M-GTAで得られる理論は、「慣習的な理解のあり方に挑み、新たな意味や行為の世界を開いてくれるような世界についての説明」（ガーゲン 2004：173）となる生成的な理論で、研究者と研究参加者による問題の理解とその解決の試みの結果であると言えます。特に、中井（2018）の研究は、私が感じていた「再履修者のやる気」に関する問題意識を研究参加者である学習者や教師との間で共有できていたと考えられます。その上で行った調査や分析は、実践者である私が研究者として研究参加者とともに経験に付随する物語を探り、両者の視点から捉えた現実（＝間主観性）を構築する過程であったとみなすことができます。そして、その過程において、私には実践への内省はさることながら問題解決に向けた自己変容も余儀なくされました。つまりこの研究は、研究者と研究参加者が共に直面している問題についての理解とその改善を目指したものであるだけではなく、私にとっては直面する問題をめぐる内省モデルであると同時に、事後の実践を対象化して省察する「省察的実践家（ショーン 2007）」となるためのプロセスでもあったことから、探索的実践（Exploratory practice：Allwright 2003）による実践研究という側面を有しているのではないかと見ることができます。

7.5 おわりに

　以上、M-GTAを用いた学習動機の構築プロセスの研究について紹介しました。社会問題の解決を目指すM-GTAは、教育現場に応用することで実践研究としての可能性を持つとともに、研究によって生み出される理論を教育現場に実装することをも可能にする方法論であると言えます。しかし、実践研究としての可能性を高めるには、やはり研究の信頼性と妥当性を担保しなければなりません。ここで紹介したような、研究者と研究参加者の相互作用によって得られたデータを扱う場合、自ずと研究者の視点や解釈がすでに含まれたものであるため、その意味構成の過程と研究者の解釈を提示することが

必要となると言えます（グリーン 2008）。それは、社会的行為を明らかにしよう
とする質的研究は、その行為の正しい意味の理解や行為における問題を解決
するための手段ではなく、意味を有する人間行為の解釈に必要なものを明ら
かにするという解釈学的認識論の立場に立っているからです（シュワント 2008）。
質的研究の評価については、客観性・信頼性・妥当性・転用可能性といった
評価基準が提案されていますが、それらの基準は形式面や得られた知見の質
に向けられており、質的研究の質そのものを適切に評価する問題は解決され
ているとは言えません（フリック 2015）。しかし、社会構築主義にもとづき、上
述のような人間行為の解釈に必要なものを明らかにする質的研究においては、
研究者のリフレクティブな解釈の過程を提示し、読者の方が研究者の理解の
過程を辿れるようにすることが、その研究の質を担保する基準の１つになる
のではないかと思います。

（中井好男）

参 考 文 献

大谷尚（2019）『質的研究の考え方　研究方法論からSCATによる分析まで』名古
　　屋大学出版会
ガーゲン、ケネス（2004）東村和子訳『あなたへの社会構築主義』ナカニシヤ出版
　　（Gergen, Kenneth J. (1999) *An Invitation to Social Construction*. Thousand Oaks,
　　CA: Sage.）
木下康仁（2007）『ライブ講義M-GTA―実践的質的研究法　修正版グラウンデッ
　　ド・セオリー・アプローチのすべて』弘文堂
グリーン、ジェニファー C.（2008）「評価による社会的プログラムの理解」ノー
　　マン、K. デンジン・イヴァンナ S. リンカン編 平山満義・古賀正義・岡野一郎
　　訳『質的研究ハンドブック第3巻―質的研究資料の収集と解釈』pp.367–384.
　　北大路書房（Greene, Jennifer C. (2000) Understanding Social Programs Through
　　Evaluation. In Norman K. Denzin. and Yvonna S. Lincoln (eds.) *Handbook of
　　Qualitative Research* (2nd ed.) pp.981–1000. Thousand Oaks, CA: Sage.）
グレーザー、バーニー J.・ストラウス、アンセルム L.（1996）後藤隆・大出春江・
　　水野節夫訳『データ対話型理論の発見―調査からいかに理論を生み出すか』新
　　曜社（Glaser, Barney G. and Anselm Strauss L. (1967) *The Discovery of Grounded
　　Theory: Strategies for Qualitative Research*. Chicago, IL: Aldine.）

シャーマズ、キャシー（2020）岡部大祐監訳『グラウンデッド・セオリーの構築（第2版）』ナカニシヤ出版（Charmaz, Kathy. (2014) *Constructing Grounded Theory* (2nd ed.). Thousand Oaks, CA: Sage.）

シュワント、トーマス A.（2008）「質的探究の3つの認識論的立場：解釈主義・解釈学・社会構築主義」ノーマン、K. デンジン・イヴァンナ S. リンカン編 平山満義・古賀正義・岡野一郎訳『質的研究ハンドブック第1巻―質的研究資料の収集と解釈』pp.167–192. 北大路書房（Schwandt, Thomas A. (2000) Three Epistemological Stances for Qualitative Inquiry: Interpretivism, Hermeneutics, and Social Constructionism. In Norman K. Denzin. and Yvonna S. Lincoln (eds.) *Handbook of Qualitative Research* (2nd ed.) pp.189–214. Thousand Oaks, CA: Sage.）

ショーン、D. A.（2007）『省察的実践とは何か―プロフェッショナルの行動と思考』柳沢昌一・三輪健二（監訳）鳳書房

中井好男（2018）『中国人日本語学習者の学習動機はどのように形成されるのか―M-GTAによる学習動機形成プロセスを通して見る日本語学校での再履修という経験』ココ出版

野矢茂樹（2016）『心という難問　空間・身体・意味』講談社

山口一郎（2009）『現象学ことはじめ　日常に目覚めること』日本評論社

バフチン、ミハイル（1995）『ドストエフスキーの詩学』望月哲男・鈴木淳一（訳）ちくま学芸文庫

バフチン、ミハイル（1988）「人文科学方法論ノート」『ことば　対話　テキスト（ミハイル・バフチン著作集8）』新谷敬三郎・伊東一郎・佐々木寛（訳）新時代社

バーガー、ピーター L.・トーマス、ルックマン（2008）山口節郎訳『現実の社会的構成―知識社会学論考』新曜社（Berger, Peter L. and. Thomas Luckmann. (1966) *The Social Construction of Reality: a Treatise in the Sociology of Knowledge*. NewYork, NY: Doubleday.）

フリック、ウヴェ（2015）小田博志監訳、小田博志・山本則子・春日常・宮地尚子訳『新版　質的研究入門〈人間の科学〉のための方法論』春秋社（Flick, Uwe (2007) *Qualitative Sozialforschung*. Reinbek, Germany: Rowohlt Verlag.）

ブルーマー、ハーバート（1991）後藤将之訳『シンボリック相互作用論―パースペクティヴと方法』勁草書房（Blumer, Herbert (1969) *Symbolic Interactionism: Perspective and Method*. Englewood Cliffs, NJ: Prentice-Hall.）

Maxwell, Joseph A. (2005). *Qualitative Research Design: An Interactive Approach* (2nd ed.). Thousand Oaks, CA: Sage.

Allwright, Dick. (2003). Exploratory Practice: Rethinking practitioner research in language teaching. *Language Teaching Research, 7,* 113–141.

参与観察をしたりフィールドノーツを書いたり
したときの悩みや気をつけたこと

　参与観察は、協力者がいろいろな出来事を経験するその場・その瞬間を、ともに経験することができる貴重な機会です。だからこそ、学ぶことが多くあると同時に、悩みや大変なことも少なくありません。今回は、私がタイの大学で行った調査で経験したことを紹介したいと思います。

　まず、参与観察で生じた悩みを2つ紹介します。1つ目は、参与観察をしている場に関わる人たちに受け入れられたことで生じた悩みです。私は協力者が普段授業の準備などをしている大学内にあるオフィスでの参与観察を中心に行いました。そのため、多くの時間を協力者や協力者の同僚とともに、同じオフィスで過ごしました。あるフィールドでは、協力者が同僚と雑談するときにその雑談に混ぜてもらったり、仕事の後に食事に行く際誘ってもらったりして、少しずつ協力者の同僚からも自分の存在を受け入れられていると感じることができるようになりました。そう感じられるようになった頃、協力者の同僚から、協力者に関する評価的なコメントを聞く機会がありました。私は正直どのように返事をしたらいいかわからず、そうなんですねと曖昧に返事をしたように記憶しています。そのとき私が感じたのは、協力者のいないところで協力者について話すことに対する後ろめたさのようなものでした。また、同僚からの評価的なコメントを聞くことで、自分自身も同じように協力者を評価してしまうのではないかという不安も感じました。その後も、こうした機会は多々ありましたが、私自身は決して協力者に対する評価をしないということに注意して、過ごしました。

　一方で、参与観察をしている場に関わる人たちに受け入れられなかったことで生じた悩みもあります。このフィールドで私は、協力者と協力者の同僚の

雑談に混ぜてもらうことはほとんどありませんでした。協力者の同僚と話すこと自体、あまりありませんでしたが、ときどき私から話しかけることはありました。週末に学科のイベントを控えていたある金曜日の午後、私は協力者に話を聞くため、オフィスに向かいました。ドアをノックしてオフィスに入ると、中には5、6人の人がいて、みんなで楽しそうにわいわいしゃべりながらイベントで使う道具を段ボールで作っているところでした。オフィスの中は緊張感がなく、いつもより話しかけやすい雰囲気だったので、私は近くにいた協力者の同僚に「イベントで使うんですか」と話しかけました。その人は、そうだと答えた後、「これも観察するんですか?」と少し笑いながら言いました。この言葉を聞いたとき、自分が全く受け入れられていないことを痛感し、自分が異物であるかのように感じました。これで私は論文が書けるのだろうかと悩みました。残念ながら、1か月行った調査の間に、私の立ち位置が変わることはありませんでした。フィールドでの私の立ち位置は協力者との関係も似たような関係であったことを示していたと思います。ただ、協力者との関係は個別インタビューを重ねる中で少しずつ変化し、いろいろなことを話せるような関係になっていったと感じることができました。それによって、参与観察で私が経験したことを受け入れられるようになり、論文というかたちにまとめることもできました。

　続いて、参与観察をした後に待っているのは、フィールドノーツを書くという作業です。せっかく参与観察をしてもフィールドノーツに書き留めなければデータとして使うことはできません。よく言われるようにこの作業は「忘却との闘い」です。参与観察をしたらすぐにフィールドノーツに書き留めていかなければなりませんが、その作業の中で私が特に気をつけたことが2つあります。1つは、勝手に話をつなげないことです。フィールドノーツを書く作業をしているとき、気がつかないうちに自分の中でストーリーを作ってしまっていることがあるように思いました。Aさんがこう言ったからBさんはああしたんだ、というように。または、Aさんが教室を出ていったから、BさんがCさんに話しかけた、というように。しかし、本当にこのようにつな

がっていたのだろうか？自分がつなげてしまっていないだろうか？と、常に確認するようにしていました。もし少しでも自信がなければ、改行するなどしてつながっていないことを示すようにしました。

　もう1つは、自分が見たことなのか、推測したことなのかを書き分けることです。自分がいる位置から観察している人やものがどうしても見えないことはよくあります。ただ、その場にいると、周りの状況から見えていない部分を推測して理解可能なことも多いでしょう。参与観察したことをひたすらフィールドノーツに書いていると、こういう場面を自分が見たことのように書いてしまっているということがありました。必死に書いているときは、こうした区別を十分に書き分けることができずに書いてしまうかもしれませんので、私は必ず読み返しながら書くようにしていました。また、見えなかった理由や見えていた範囲からどう推測してどのように感じたかも合わせて書くように心がけていました。

　以上、簡単ですが、私の感じた悩みや気をつけたことをまとめました。

（大河内瞳）

第8章

ケーススタディー

8.1　はじめに

　「ケーススタディー」という言葉は、ほとんどの人が一度は聞いたことがあるのではないでしょうか。しかし、それがどのような研究方法で、どのように実施されるかと問われると、その答えはさまざまなものになると思います。あるいは、「ケーススタディー」を研究方法ではないと思っている人もいるかもしれません。事実、ケーススタディーの定義や研究デザイン、データ収集法、分析方法にはさまざまな見解があります。それは、ケーススタディーがフィールドワークやエスノグラフィー、参与観察法、グラウンデッド・セオリー、探索的研究などと同じ意味で用いられたり、ケースメソッド[i]やケースワーク[ii]、ケースヒストリー[iii]という語と混同されてきたことと関連しています（メリアム 2004）。また、ケーススタディーが現在に至るまで、法学、医学、経営学、社会学、心理学、教育学などの多様な分野で行われてきたことも影響していると思われます。そのため、「○○のケーススタディー」という時、それは「ケース」を扱った研究であるということは表しているものの、その研究デザインは実にさまざまであり、量的なアプローチのものもあれば、質的なアプローチのものもあるでしょう。しかし、教育学や応用言語学の分野で行われるケーススタディーのほとんどは質的なものです（メリアム 前掲、Duff 2008）。それは、これらの分野では実在の学習者に焦点を当て、文脈の中で学

習者の背景や感情、思考、動機、個性などを考慮することが必要だからです。

　私はこれまでケーススタディーを用いて、「タンデム学習における学習者の学び」をテーマに研究を進めてきました。タンデム学習とは異なる母語を話す2人がパートナーとなり、互恵性と学習者オートノミーを原則として、互いの言語や文化を学び合うという学習方法のことです（Brammerts 2005、Little and Brammerts 1996）。互恵性とは「パートナーが互いにそれぞれの目標を達成し、言語学習の成果を上げるために、助け合う関係」のことです（脇坂 2014：10）。学習者オートノミーとは「学習者が自分で自分の学習の理由あるいは目的と内容、方法に関して選択を行い、その選択に基づいた計画を実行し、結果を評価できる能力」です（青木 2005：773–774）。つまり、タンデム学習では学習時間を半分に分け、それぞれの学習時間において「学習する人」と「パートナーの学習を助ける人」という役割を交替します。そして、学習内容や方法は、それぞれの時間における「学習する人」が決め、「パートナーの学習を助ける人」はそれを尊重し協力するのです。

　修士論文では日本の大学キャンパス内で行われたタンデム学習プロジェクトに参加した日本語学習者と英語学習者のケーススタディーを行い、タンデム学習で学習者が何をどのように学び、それが学習者にとってどのような意義を持っていたのかを記述しました（脇坂 2010）。そして、博士論文ではインターネットを介したタンデム学習（以下、Eタンデム）を行なった日本語学習者とドイツ語学習者のケーススタディーから、それぞれの学習者の学習動機がどのような要因によって変化していたのかを記述し、Eタンデムにおける動機づけのメカニズムを明らかにしました（脇坂 2014）。本章では、言語教育分野で行われるケーススタディーの特徴と研究のプロセスについて、私の経験を交えながら紹介します。

8.2　ケーススタディーとは

　すでに述べたように、ケーススタディーには明確な1つの定義がありません。また、ケーススタディーにはさまざまなタイプのものがあります。そこで、どのような研究にケーススタディーが適しているのかをみなさんに理解

していただくために、ケーススタディーの特徴と種類を示し、私自身がケーススタディーを選んだ理由について説明します。

8.2.1 ケーススタディーの特徴

　ケーススタディーの捉え方は大まかに2つあります。1つは、ケーススタディーは方法論ではなく、何が研究されるべきかという対象の選択であるとする見方（Stake 2005、ウィリッグ 2003）、もう1つはケーススタディーを研究ストラテジーあるいは方法論であるとする見方（イン 1996、Creswell 2007、Merriam 1988）です。また、ケースの研究の最終産物を指して「ケーススタディー」と呼ばれることもあります（メリアム 2004）。

　このようにケーススタディーの捉え方はさまざまですが、質的なケーススタディーにおいて、以下のような点は研究者の中である程度一致した特徴だと言えます（メリアム・シンプソン 2010、ステイク 2006、Creswell 2007、Duff 2008、Yin 2014 ほか）。

① ケーススタディーは「ケース」に焦点を当てる。「ケース」は研究者の関心を持っている、境界のある（bounded）特定の人や出来事、現象である。

② ケーススタディーは今まさに起こっている「進行中」の出来事や事象を扱い、調査者がそれに対してほとんど統制力を持たない場合に適する。

③ ケーススタディーは「なぜ・どのように・どうやって」というプロセスを問うリサーチクエスチョンを探究するのに適する。

④ ケーススタディーでは多くの場合、出来事や現象を深く理解するために、さまざまな情報源からデータを収集する。

⑤ ケースは時間の経過を考慮して、文脈の中で理解される。

⑥ ケーススタディーは全体論的（holistic）なアプローチを取る。

⑦ ケーススタディーは、ケースの固有性・複雑性を明らかにする。

⑧ ケーススタディーの最終産物は、研究している事象の豊かで「厚い記述」[iv]である。それは、研究対象の現象への読者の理解を促し、読

者がすでに分かっていることを確認したり、新しい意味を発見したりするのを助け、読者の解釈によって、さらに発展させられるものである。

　私は成人教育学者であるメリアム（2004）のケーススタディーの定義を基に、言語教育分野におけるケーススタディーの定義を次のように考えています。

　　ケーススタディーは質的研究方法の1つであり、研究者が関心を持つ、特定の人物（学習者や教師）や学習場面、プログラム、出来事などの境界のある特定の事象（＝ケース）に焦点を当てる。そして、さまざまなデータに基づいて、「なぜ」「どのように」という問いの答えを、文脈・状況と時間的経過を考慮しながら探究する。最終産物の豊かで厚い記述によって、読者にケースに対する深い理解を促す。

8.2.2　ケーススタディーの種類
　ケーススタディーにはさまざまな種類のものがあります。どのタイプのケーススタディーを行うかは、研究者がケースを研究する理由や目的を考慮した上で、その研究にもっとも適したものを選択することになります。
　まず、研究志向によって、個性探究的な研究（intrinsic study）と手段的な研究（instrumental study）に分類できます（Stake 1995）。個性探究的な研究は、ケースそのものを興味の対象とし、特定のケースを包括的に深く理解するために行われます。一方、手段的な研究では、ケースそのものは二次的な関心であり、研究の目的はケースの探究によって、ある問題に対する洞察を得たり、一般化を導くために行われます。
　また、調査するケースの数によって、単一ケーススタディー（single case）と集合的ケーススタディー（multisite / multicase case）に分けられます（Merriam 2009、Stake 2006）。Yin（2014）は、単一ケーススタディーを選ぶメリットについて、既存の理論を現実のデータへ適用する可能性を検証することができたり、それまでアクセスすること自体ができなかったケースや研究者個人の関心事を理解することができると述べています。一方、集合的ケーススタディーは、1

つ1つのケースを理解するだけではなく、それぞれのケースを比較することで新しい理論を作り出したり、既存の理論を発展させたり、修正したりすることを可能にします。

さらに、最終産物を記述する目的の違いによって、記述的なケーススタディー（descriptive case study）と説明的なケーススタディー（explanatory case study）があります。前者は、おかれた文脈と時間的経過を考慮して、ケースを詳細に記述するのが目的です。それによって、研究対象の現象や出来事について着想を得たり、理解を深めたりすることができます。一方、説明的なケーススタディーは研究者が関心を持っている出来事が、なぜそのようになっているのかを説明することが目的です。この場合には、何が起きているかを記述するとともに、説明的な概念を文中に組み込みながら研究者が立てたリサーチクエスチョンに対する答えを説明します（ウィリッグ 2003）。

8.2.3　ケーススタディーを選択した理由

ここで、私自身がケーススタディーを選択した経緯を少し説明したいと思います。私の博士論文は、ドイツにいる日本語学習者と日本にいるドイツ語学習者がペアになりインターネットを介してタンデム学習を行う「Eタンデム・プロジェクト」に参加した3つのペアをケースとして行ったものです。

当時、修士課程の学生だった私は、日本の大学キャンパス内で対面式タンデム学習の場を立ち上げ、実践を行っていました。それは一学生が企画した自主的なプロジェクトにすぎませんでしたが、予想以上の数の参加申し込みがあり、それはプロジェクトの認知度が上がるにつれ、ますます増加していきました。一方で、学習したい言語とサポートできる言語のアンバランスから、ペアリングができないという問題に直面していました。パートナーが見つからない人を減らすため、私はドイツやイギリスなどのヨーロッパを中心に実践されていたEタンデムの可能性を考え始めました。縁あってEタンデムについて学ぶためにドイツに留学した私は、現地のコーディネーターと協力して「Eタンデム・プロジェクト」を実践することになりました。博士論文でケースとしたのはこの時の「Eタンデム・プロジェクト」に参加した3つのペアです。実践を始める前、私は、Eタンデムは対面式タンデム学習の

ようにはうまくいかないだろうと考えていました。しかし、当時は日本語に関連したEタンデムの研究論文や報告が見当らなかったため、両者の違いがよくわかりませんでした。そこで、まずはEタンデムがどのように行われるのかを調査し、記述することが必要だと考えました。ケーススタディーは対象とするケースにおいて重要な影響を与える要素が何かがよくわかっていない時やケース内のまだ知られていない関係性を明らかにする時にとくに有効です。それは、ケーススタディーが、対象とする事象そのものを文脈の中で深く理解し、その複雑さや固有性を豊かに描くことで、これまで知られていなかったものを発見させ、現象の再考につながるからです（メリアム 2004）。また、Eタンデムの実践は今まさに行われている「進行中」の学習活動であり、研究者である私が学習者の行動をコントロールすることはできませんでした。これらの理由で、ケーススタディーが最適だと考えました。さらに、自らがプロジェクトのコーディネーターであったため、学習者のおかれた状況が理解しやすく、さまざまな異なる種類のデータの収集が可能であることもメリットとなると考えました。

　ケーススタディーの結果、Eタンデムにおける動機づけには、目標言語でのやり取りに熱心に取り組んだかどうかや、内容とやり方を自分の都合に合わせて調整できるか否か、やり方をパートナーと交渉できるか否かといった、学習期間中の行動が関わっていることがわかりました。また、それだけではなく、始める前の動機が目標言語そのものに関するものかどうかや、タンデム学習以外に目標言語を学習する機会があるか否か、タンデム学習に使える時間がどのくらいあるかといった、学習者がおかれた学習環境とも関わっていることを理解しました。このように、ケースそのものの理解を目指して調査することで、Eタンデムにおける動機の変化に影響を与える諸要因を見つけることができました。

8.3　研究のプロセス

　ケーススタディーは研究者が関心を持つ対象についての問題意識を出発点とし、それを理解するのに適したケースを選択し、どのようなタイプのケー

ススタディーを行うかを決めます。そして、データ収集、分析、解釈の記述を相互作用的に行い、研究全体を形作っていきます。

8.3.1 リサーチクエスチョンを立てる

　研究を始めようとする段階で、読者の皆さんには関心を持つ研究対象についての問題意識があるだろうと思います。次にすることは、研究対象に関連する文献を調べ、これまで何が明らかにされているのかや、どのような視点で研究がなされているのかを把握することを通して、自分が探究すべき問題の所在を明らかにすることです。文献にあたる時は自分が扱いたいテーマと近いものから探し、関連する文献を広く調べます。それらの文献で明らかにされていることと自分が扱いたいと思っている問題との関係を考えることで、自分がどのようなリサーチクエスチョンを立てるべきかがわかってきます。ただし、ケーススタディーに限らないことですが、質的研究をする上で、最初に立てたリサーチクエスチョンがデータ収集や分析を進めるうちに変わることはよくあります。私の場合もデータ収集を始めてからリサーチクエスチョンが変化していきました。

　博士の研究を始める前、私はEタンデムは対面式タンデム学習のようにはうまくいかないのではないかと思っていました。それまでの2年間の対面式タンデム学習の研究を通して、パートナーとの良好な関係性と気楽な学習環境が作られることが対面式タンデム学習の継続に強く影響していることがわかりましたが、Eタンデムでは、対面式タンデム学習のような良好な関係と学習環境が作るのが難しいだろうと感じていたからです。そこで、まずEタンデムと対面式タンデム学習の先行研究を広く調べました。しかし、カリキュラム外の活動として行われたEタンデムに関する文献を見つけることはできませんでした。そこで、「Eタンデムで、学習者は何をどのように学習するのか」をリサーチクエスチョンとしてEタンデム・プロジェクトを実践し、それを詳細に記述したいと考えました。しかし、実際にプロジェクトが始まると、ペアごとに学習活動は非常に異なったものになっていきました。5週間のプロジェクト期間終了後、3つのペアのうちでタンデム学習を継続したペアが1つ、ドイツ語のみでのやり取りを継続したペアが1つ、そして途中で

やり取りが途絶えてしまったペアが1つあったのです。これはまったく偶然のことでした。修士の時の研究では、すべてのペアが対面式タンデム学習を続けた一方で、Eタンデムではこのようになったことから、私はEタンデムにおける学習者の動機づけの変化に焦点を当てようと考えました。タンデム学習における動機づけの先行研究をレビューし、カリキュラム外で行われるEタンデムは続けるのが難しいとする研究（Appel and Mullen 2002）や、パートナー間の目標言語レベルの差が動機に影響を与えるとする研究（Tian and Wang 2010）、タンデム学習では実在する一個人としてのパートナーに何かを伝えたいといった感情を伴う経験をすることが内発的動機づけを高めるという研究（Ushioda 2000）などがあったことも私のリサーチクエスチョンの変化に影響を与えました。そして、データ収集と分析を進める過程で、最終的なリサーチクエスチョンは以下の3つになりました。

① Eタンデム・プロジェクトに参加した、ドイツ人日本語学習者と日本人ドイツ語学習者、それぞれの動機はプロジェクトの期間中にどのような要因によって変化していたのか。
② Eタンデム・プロジェクトに参加した、ドイツ人日本語学習者と日本人ドイツ語学習者のタンデム・ペアがEタンデムを続けることができたのはなぜか、あるいは続けられなかったのはなぜか。
③ Eタンデムにおける動機づけのメカニズムの解明

8.3.2 ケースを選択する

　ケースの選択はその研究が「ケーススタディー」と呼ばれる上できわめて重要です。どのケースを選ぶのかは、研究者が何を知りたいかによります。「ケース」は学習者や教師といった「人」であることもあれば、特定の学習活動や、クラス、プログラム、学校といった集団であったり、ある出来事や現象、特定の政策や制度であったりすることもあります。個性探究的なケーススタディーを行う場合は、研究を始める前からある特定のケースに興味・関心があるため、ケースは選択するというよりも最初から決まっているかもしれません。一方、手段的ケーススタディーの場合は、研究者の関心事につい

164

て理解するのに十分なデータが得られるように多様性が最大になるような複数のケースを選択するのが理想的です。しかし、それは非常に難しいことです。現実的に調査できるケースは限られていますし、どんなデータがどのくらい得られるかは協力者によるからです。例えば、調査者がケース間に多様性を持たせるために属性やタイプが異なるケースを選択し、可能な限り適切な方法でデータを収集しようとしても、フィールドにデータ収集に関する制約があったり、協力者や彼らの周りの人々が調査に協力的でなかったりしてケースに接近することができなければ、ケースの固有性や複雑性を十分に理解することはできなくなってしまいます。とくに、外部者としてデータ収集をさせてもらう場合は、対象としたいケースにアクセスしにくい可能性が高くなります。ですから、ステイク（2006）が述べるように、属性に基づくサンプリングを通したケースの選択を優先するのではなく、バランスと多様性を考慮して、対象としたいケースのうち、もっとも多くのことを学べると思われるケースを選ぶことが重要だと思います。

　私は修士課程で対面式タンデム学習を実践した 3 つのペアの手段的ケーススタディーを行いました。その際は、ケースを選択するために、対面式タンデム学習プロジェクトに参加した12のペアに初回と 2 回目の学習中の会話を録音してもらいました。まず、それを聞いて学習内容や会話の構成、目標言語レベルが大きく異なっている 7 つのペアに絞り、さらに参加申し込みからガイダンスを行うまでの一連のやり取りで、研究に好意的に協力してくれそうだと私が感じた 3 つのペア（6 名）を選択しました。そして、調査の趣旨と具体的な内容、データの取り扱いについて承諾していただいた上で、協力者になっていただきました。ケーススタディーに限ったことではありませんが、質的研究の調査においては協力者への負担が大きいため、協力者になってもらう前に、調査目的に加え、具体的なデータ収集の期間や調査の詳細も十分説明しておくことが大切だと思います。現実的にどの程度データ収集が可能かということも、ケースを決定する上で重要になるのです。

　ケースの選択においてもう 1 つ重要なことは、ケースをどのように境界付けるかということです。メリアム（2004）はケーススタディーにおけるケースについて次のように述べています。

私は、ケーススタディー調査の定義的特性を最もはっきりと示すものは、研究対象の範囲を限定するもの、すなわちケース（事例）であると結論づけるようになった。ひとつの境界づけられたシステムとしてのケース、というスミス（Smith, J. K.）の考え方（Smith 1978）はこのタイプの調査の定義への私の理解に最も近いものである。ステイク（Stake 1995）は「ケースとは、ひとつの統合されたシステムである」（p. 2）と付け加えている。どちらの定義も、私にケースを、境界で囲まれたひとつの物・ひとつの実体・単位（ユニット）だとみなすようにさせた。

（メリアム 2004：39）

　上記のように、ケーススタディーにおいて、対象とされるケースが「境界で囲まれたひとつの物、ひとつの実体・単位（ユニット）」であることはその定義に関わる重要な部分です。つまり、ケーススタディーにおけるケースは「何らかの個体として切り取られた現象」（盛山 2004：31）でなくてはならないということです。また、ケースの切り取り方はさまざまなレベルで可能であるため、研究者が文脈の中からどのようにケースを切り取り、際立たせるかということも重要になってきます（伊藤 2007）。

　私の場合、修士課程で行った研究では「対面式タンデム学習プロジェクトに参加した英語学習者と日本語学習者のペア」をケースとしました。しかし、ケースの切り取り方は、さまざまなペアを含む「対面式タンデム学習プロジェクト」という実践の全体を1つのケースとして見なすこともできますし、ペアではなく一人一人の「参加者（＝学習者）」を個別のケースとして見ることもできます。私はタンデム学習におけるパートナーとの相互作用や関係性の構築に関心があり、ペアごとの学習の多様性を調査したいと考えたため、「ペア」をケースとすることにしたのです。

　また、ケースを境界付ける上で私がもっとも悩んだ点は、各ケースのタンデム学習の終了をどのように設定するかということでした。当初「対面式タンデム学習プロジェクト」の期間は、大学の学期にあわせて約4か月間と決まっていました。しかし、このプロジェクトはカリキュラム外の自主参加のプ

ロジェクトであったため、決められた期間の後もタンデム学習を継続するペアが多くいました。インタビューを行った時点でもタンデム学習を継続していたペアが複数あり、当然、決められた学習期間の後の話も出てきます。そのような場合に、各ペアのタンデム学習の終わりをプロジェクトとして決められた期間の終了時とするのか、あるいは決められた期間終了後の学習も調査に含めるべきかで悩みました。結局、データ収集と分析を行う過程で、パートナーとの関係構築が学習内容の選択やサポートの仕方に影響を与えることがわかったため、決められた学習期間の後に継続した一定期間の学習も調査に含めることにしました。

8.3.3 データを収集する

　多くの場合、ケーススタディーでは研究者がリサーチクエスチョンに答えるために、インタビューや参与観察、資料など、さまざまな情報源からデータを収集します。これをデータのトライアンギュレーション（フリック 2011）と言い、これがケーススタディーの定義に関わる特徴の1つだとする研究者もいます（ウィリッグ 2003）。データのトライアンギュレーションを行うのは、異なる種類のデータを組み合わせ、多角的に見ることでケースをより深く理解し、意味を解釈することができるからです（ステイク 2006）。私の場合は、インタビューデータを学習活動データとともに読むことで、学習場面がより鮮明に想像でき、インタビューで協力者が話した内容をより深く理解することができました。また、学習期間終了後に行った協力者へのインタビューデータに基づいて学習動機の変化を辿りその要因を探る際、フィールドノーツやコーディネーターとのやり取りのデータから、学習者がおかれていた状況が動機を下げる要因となっていたことに気づきました。これはインタビューだけではわからなかったことです。このように、ケーススタディーではそのケースの固有性や複雑性に関わる要素が文脈や状況の中に埋め込まれているため、実際に調査を始める前段階では何が重要な要素になるかわかりません。データを収集し分析し始めてから、予想していなかった重要な要素に気づくこともあります。そのため、基本的には収集できるデータはできる限り収集するという姿勢でいるのがいいと思います。とくに現在進行中のデータは後から

取り直しができないため、後で「あの時データを取っていればよかった」と思わなくていいように、収集できるデータは可能な限りとっておくことをお勧めします。

　ただし、このような思いが強すぎて協力者に学習活動以外の負担をかけたり、その場を変えてしまうようなデータ収集の仕方をしないように気をつけることも大切です。このように強く思うようになったきっかけとなった私の経験をお話しします。修士の研究を始めて間もない頃、私はペア2人の対面式タンデム学習がどのように行われているかを知りたいと考え、ペア2人が学習を行っているカフェテリアに行って、その様子を遠くから観察してみたことがあります。その場所に行くと、2人の学習者がどんな表情でどんな雰囲気で学習を行っているのかがよくわかります。しかし、私に気づいた2人はコーディネーターである私にすぐに話しかけてきました。私が2人とは話さずに、ただそばで学習活動を観察していたら明らかに違和感があり、2人の学習の妨げるものになったと思います。そこで、本調査では2人にICレコーダーを預け、学習活動の音声を録音してもらうという方法を採ることにしました。

　もう1つは、初めてEタンデムのデータを収集した時のことです。私は、インターネット電話Skypeを介したEタンデムの学習活動がどのように行われているかを知りたいと考え、協力者に録音・録画用のソフトウェアを使用して学習活動の録画をお願いしたことがあります。後日、私は協力者からうまくできなかったというコメントとともに学習活動の一部の録音／録画データを受け取りました。話を聞いてみると、ネットワーク環境によっては録画を始めるとウェブカメラの画像が乱れたり、音声が途切れたりするという現象が起きていました。いただいたデータは協力者が私の研究のために、学習を中断して何度も録音／録画を試してくださった結果でした。それは明らかに調査者である私が影響を与えた「録音のためのEタンデム」の様子を捉えたものであり、「学習のためのEタンデム」ではなかったのです。このような経験から、録音や録画によってネットワーク環境が悪くなったり、2人の学習に支障があるようなことがあれば、しなくても構わないということをしっかりと事前に伝え、学習に専念してもらうようにしました。

表1 | 脇坂（2014）のデータ

データの種類	内容
フィールドノーツ	プロジェクト開始前のガイダンスでの協力者の様子を記したもの
学習活動データ	パートナーとのEメール交換のログ
	Skypeセッションの録音／録画データ
	Skypeセッションのチャットのログ
	協力者が書いた学習日記
	タンデム学習に使用したリソース
	タンデム学習の準備や復習に使用された資料
インタビューデータ	プロジェクト終了の約3か月〜5か月後に行った個別インタビューの録音データおよびインタビューの事前アンケート
コーディネーターとのやり取りのデータ	プロジェクトの実践におけるコーディネーターと協力者およびコーディネーター同士のメールやチャットでのやり取りのログ
研究メモ	筆者がEタンデム・プロジェクトの実践・調査・分析を行っている期間中に思いついたことを記したメモ

　次に、具体例として、私の博士課程の研究のデータ収集について紹介しましょう。表1が収集したデータの一覧です。

　私の場合、データの収集は、Eタンデム・プロジェクトの日本人参加者に向けたガイダンス時の参加者の観察から始まりました。ガイダンスの際、私はコーディネーターとして参加者にEタンデム・プロジェクトがどのようなものかを説明する立場にあったので、ガイダンス中にはフィールドノーツは取れませんでした。そのため、ガイダンス後すぐに印象に残ったことを箇条書

きでメモし、うちに帰ってからその日のうちにガイダンスで起こったことを時系列で思い出してフィールドノーツを書きました。また、参加者の様子や、私がその時どう思ったかをエピソードとして書きました。例えば、ガイダンスではドイツにいるドイツ語話者とインターネットを介してドイツ語でやり取りする時間も設けたのですが、フィールドノーツには、日本人参加者らがドイツ語話者との初めてのやり取りに動機づけられる様子が描写され、その様子を見て私がうれしいと感じたことなどが書かれています。また、コーディネーターとしての私の行動が参加者に影響を与えたと感じたところや疑問に思ったことも書き留めました。

　プロジェクトが開始すると、学習活動データの収集が始まります。まず、各ペアのやり取りのメールがリアルタイムで送られてきます。1週間に何度もメールのやり取りをするペアもあったので、3つのペアのメールのやり取りを混同しないように、メールを印刷して時系列に沿って整理し、通し番号を振ってファイリングし、印刷したメールの右側に、メールを読んで気づいたことや疑問に思ったことを手書きでメモしていきました。

　Skypeセッションの録音／録画データは、すべてのセッションで収集できたわけではありませんでした。学習活動の録音や録画はその行為そのものが協力者に心理的負担を与えるものであるため、あらかじめデータの取扱いと協力は自由意思であることを説明した上で、専用のソフトを使用して録音／録画をしてもらいました。また、ドイツ人学習者が大学内で行ったセッションについては許可が得られた場合のみ、大学のスタッフにビデオカメラで録画してもらいました。収集できた音声データは学習活動の流れがわかるようにラフに文字化し、動画データはそれに非言語情報に関するメモを加え、視覚的に辿れるようにして時系列に沿ってファイリングしました。

　Skypeセッションのチャットのログと、協力者が書いた学習日記、タンデム学習に使用したリソース、タンデム学習の準備や復習に使用された資料は、学習期間終了後に収集しました。これらのデータはEメールの交換とSkypeセッションのやり取りのデータと関連しているので、整理した学習活動データの中に加え、学習活動全体が時系列でわかるように整理しました。

　インタビューはプロジェクト期間終了の約3か月〜5か月後に各協力者と

個別でチャットを用いて行いました。プロジェクト終了直後ではなく、プロジェクト終了の3か月後にインタビューを行ったのはリサーチクエスチョンの1つが「Eタンデム・プロジェクトに参加したドイツ人日本語学習者と日本人ドイツ語学習者がEタンデムを続けることができたのはなぜか、あるいは続けられなかったのはなぜか」というものであり、Eタンデム・プロジェクトで決められた期間を過ぎても学習が続くのかどうかを知りたいと考えていたからです。また、チャットでインタビューを行ったのは、日本とドイツという物理的に離れた場所にいる協力者に対し、できるだけ同じ条件でイタビューを行いたいと考えたためです。プロジェクト終了後、インタビューのための質問項目に事前に回答してもらい、実際のインタビューではその回答をもとにさらに詳しく聞きたいと思ったことについて掘り下げて話してもらいました。事前の質問紙を用意することにしたのは、全ての協力者に共通の質問をすることによって、学習者間、ケース間で比較・分析がしやすいと考えたことと、プロジェクトが終わってからインタビューを実施するまでの期間が協力者によって異なるので、協力者の記憶が薄れないうちに質問に答えてもらいたいと思ったからです。1回目のインタビューの分析後に2回目を行いました。そして、2回目のインタビューの分析から記述の段階で、さらに不明な点やもっと聞きたいことが出てきた場合は対面やチャット、メールで、協力者に確認しました。

　また、私はEタンデム・プロジェクトのコーディネーターとして協力者やドイツ側のコーディネーターと関わっていましたので、協力者とのやり取りやコーディネーター同士のメールやチャットでのやり取りのログもデータとしました。それらのやり取りのログも印刷して、学習活動データの関連する部分に加えました。

　研究メモは、研究を進める過程で収集したデータの情報をまとめたり、私自身が考えを整理したり、感じたことや疑問に思ったこと、関連するかもしれない文献情報などを書き留めたものです。

　上記のデータは、タンデム学習の学習活動中に収集したものもあれば、その前後に収集したものもあります。また、同時に収集したものもあれば、そうではないものもあります。表2は、上記のデータ収集の流れをプロジェクト

開始前、タンデム学習活動中、プロジェクト終了後に分けて示したものです。

　ご覧のとおり、タンデム学習活動中にさまざまな種類のデータ収集があり、プロジェクト期間終了後に個別インタビューが行われています。個別インタビューは1人2回行っていますが、1回目のインタビュー後に分析した上で、なるべく時間をおかずに2回目を行ったほうがいいので、まとまった時間が必要になりました。研究デザインによって異なりますが、私のように現在進行中の事象をケースとして扱う場合、データ収集はある一定の期間に集中して行われることが多いと思います。

表2｜データ収集の流れ

プロジェクト開始前	・参加者の募集、ペアリングの際の資料・メモ ・ガイダンス時のフィールドノーツ
タンデム学習活動中	・タンデム学習の準備や復習に使用された資料 ・パートナーとのEメール交換のログ ・各ペアが学習活動を専用ソフトで録音・録画したデータ ・Skypeセッションのチャットのログ ・学習日記のコピー ・タンデム学習に使用したリソースのコピー ・コーディネーターと協力者のEメールやチャットでのやり取りのログ ・コーディネーター同士のメールやチャットでのやり取りのログ
プロジェクト期間終了後	・各協力者への事前アンケート ・個別インタビュー【ケース1】Davidさん（2回） ・個別インタビュー【ケース1】ナナさん（2回） ・個別インタビュー【ケース2】裕子さん（2回） ・個別インタビュー【ケース2】Chalieさん（2回） ・個別インタビュー【ケース3】Leaさん（2回） ・分析中に不明な点が出てきた場合はメール・チャットでさらに確認 ・研究メモ

8.3.4 データを分析する

　ケーススタディーには決められた分析方法がありません。そのため、研究者1人1人が研究デザインを決め、収集したデータと向き合う中で、ケースを深く理解し、リサーチクエスチョンの答えを探究しながら分析を進めていくことになります。

　多くの場合、ケーススタディーの分析には以下の2つの特徴があります。1つ目は、データの収集と分析を同時に行うということです。メリアム（2004）は「データ収集と分析のプロセスは、循環的（recursive）かつダイナミックなものである」（メリアム 2004：224）と述べています。つまり、ケーススタディーの分析はデータ収集の段階から始まっているのです。例えば、インタビュー調査をする前には、それまでに収集したデータを分析した上で、インタビューで何を聞きたいのかを決めておきます。そして、1回目のインタビューが終わったら、出来るだけ時間をおかずに文字データを整理し、分析を始めることが大切です。取ったデータを分析すると、必ず後から聞きたいことが出てきて、それが次のデータ収集の視点に影響することになるからです。

　2つ目の特徴は、ケーススタディーでは複数の情報源からデータを収集するため、まずはそれらのデータを1つに集約し、ケースの全体像を把握しやすいように整理する必要があるということです。データ整理は一見、単純作業のように思われがちですが、収集したデータをよく読み、それぞれの関連を考えながら一定の基準を決めて行われるという点で分析の一部と言えます。8.3.3項ではどのようにデータを収集し、整理したかを紹介しましたが、このプロセスも分析と行きつ戻りつしながら行ったものです。

　単一ケーススタディーの場合は1つのケースを深く理解することを試みますが、集合的なケーススタディーの場合には、ケース内分析（within-case analysis）とケース間分析（cross-case analysis）という2つの分析段階があります。ケース内分析では、「それぞれのケースは、まずそれ自身独立した包括的なケースとして扱われ」（メリアム 2004：285）ます。図1に示すように、ケース間分析はいったん各ケースの分析が終わり、記述を終えてから始めます。ケース間分析では、「ケース間に共通する抽象的概念を構築する」（メリアム 前掲：285）ことが目指されます。ケース間分析で重要なことの1つは、すべてのケース内分

析がいったん終わった後で、ケース間分析を始めるということです。当たり前のことのように聞こえるかもしれませんが、現在進行中の学習活動で複数のケースのデータ収集と分析を同時に行うと、知らず知らずのうちに他のケースに影響されやすくなり、そのケースに特有の重要な点を見逃してしまう可能性が高くなってしまうからです。ケース内分析の段階では1つのケースに集中して、そのケースの特性や複雑さを深く理解するように努め、それぞれのケースの分析・記述をしたほうがいいと思います。

図1 | 集合的ケーススタディの分析

Yin（1994）によれば、ケース間分析は「たとえそれぞれのケースが詳細においてはさまざまであっても、個々のケースのそれぞれにぴったりとくる一般的な説明を打ち立てること」（p.112）を試みるものです。Miles and Huberman（1994）は、ケース間分析は「単にテーマや主たる変数を表面的にまとめただけでは、ほとんど何の意味もなさない。われわれは、特定のケースを超越する変数のパターンを見出そうとするまえに、まず個々のケース内のプロセスの複雑な様相を注意深く観察し、その局部的なダイナミクスを理解せねばならないのである」（pp.205–206）と述べています。つまり、ケース間分析のもとになるのはやはりケース内分析であり、ケース間分析には個々のケースの深い理解が不可欠であるということです。まずは、それぞれのケースを丁寧に分析し、その固有性・複雑性を理解することがケース間分析の分析視点を決める手がかりになるのです。その上で、ケース間の類似点、相違点に注目し、なぜそのようになっているのかを分析することで、ケース間分析の視点が見えてきます。

　一例として、私が博士課程で行った集合的ケーススタディーで、どのよう

にケース内分析とケース間分析を行なったかを紹介したいと思います。

　まずはケース内分析です。8.3.3項で述べたように、データを収集した段階で、そのすべてに目を通し、ケースごとにそれぞれの種類のデータを時系列に並べました。Eメールの交換活動のデータは、印刷したものを時系列に並べ、やり取りの流れがわかるようにし、Skypeのデータは、録音データをラフに文字化したものとチャットのログを、日付ごとに整理しました。また、学習活動に使った資料や学習活動のための準備資料、学習日記やフィールドノーツ、コーディネーターとのメールやチャットのやり取りを保存したデータも印刷して、時系列に並べました。その上で、整理されたそれぞれのデータを統合して、再び時系列に並べ直してケースごとにファイリングし、さまざまな種類のデータを1つのファイルにまとめ、活動の全体像が鳥瞰できるようにしました。それから、学習活動について、やり取りの流れを図式化してまとめたり、学習活動の内容を分類したり、メールでの誤用訂正の変化をまとめたりしながら、学習活動がどのように行われていたかを深く理解するように努めました。

　次に、協力者それぞれの学習動機がなぜ変化したのかを理解するために、インタビューの事前調査で協力者が描いた動機の変化のグラフを念頭に置いて、インタビューの文字データを意味のユニットごとに区切り、そのまとまりを意味する短い語句（＝コード）に置き換えました。そして、コード同士を比較しながら、より大きなまとまりを作り、動機の変化と照らし合わせました。同時に、インタビューで動機の変化に関わっていたと協力者が語った内容に関連する部分を、時系列に整理したデータから探し出し、協力者の動機の変化がどのような状況や文脈、時間的経過の中で起こっていたのかをより深く理解するように努めました。その後、それぞれのケースにおいて、協力者それぞれの動機がなぜ変化したかを理解し、記述した後、ペアである2人のEタンデムが続いた／続かなかった要因について分析しました。

　各ケースの記述が一通り終わった後で、ケース間分析に取り掛かりました。私の場合は、3つのケースで異なる点に注目するのが最初のステップでした。偶然にも調査した3つのケースが、最終的にタンデム学習として続いたケース、学習活動は続いたがタンデム学習ではなくなったケース、続かなかった

ケースに分かれたので、そのような違いが起こった要因を探ることにしました。まず、日本人ドイツ語学習者Aさん（仮名）がEタンデムのやり取りをやめた時の状況を把握し、AさんがEタンデムをやめた要因には、やり取りを負担に感じたことが関わっていることがわかりました。しかし、他の2つのケースにおいても、日本人ドイツ語学習者がやり取りに負担を感じることがあったにも関わらず、AさんだけがEタンデムをやめたのは、Aさんが自分の都合に合わせてメールの内容や分量、訂正の仕方を調整していなかったために、負担が大きくなりすぎたからだったことを理解しました。次に、ドイツ人日本語学習者Charlieさん（仮名）が日本語学習をやめたことに注目し、他の2つのケースのドイツ人日本語学習者と比較することで、その要因を深く理解するように努めました。その結果、Charlieさん以外の2人はEタンデム・プロジェクトを始める前の動機が日本語学習そのものと結びついており、タンデム学習を始めてからもその動機が維持されたのに対し、Charlieさんはそうではなく、学習開始前の動機が日本語学習をしなくても満たされていたことがわかりました。また、Charlieさん以外の2人がドイツにおり、Eタンデムを他では補えない特別な機会だと捉え、パートナーとのやり取りに日本語学習や日本語使用の機会、文化的情報を得ることを求めた一方で、日本にいて英語を使用して生活を送っていたCharlieさんはパートナーとのやり取りに日本語ではなくドイツ語で話すことを求めていたという違いがありました。そして、3つのケースを比べると、ドイツにいた学習者はEメールを書くために比較的十分な時間を割けている様子であった一方で、日本にいた学習者はそうではなかったと思われることもわかりました。さらに、ケース内分析で得られた、それぞれの協力者の動機を高めた要因／下げた要因を取り出し、ケース間で比較し、共通点と相違点に注目し、Eメールを書くことについての動機、Eタンデム・プロジェクト以外の場面での目標言語学習の機会、パートナーとやり方を交渉したか否か、という点について分析を行いました。その結果、Eタンデムが続くか否かを左右する6つの要因を明らかにしました（脇坂 2014）。

8.3.5　最終産物を記述する

　ケーススタディーの最終的な記述で大切なことは、豊かで厚い記述をすることによって、読者が体験したことのない事象や会ったことのない人物について、詳細にその状況を理解できるということです。Patton（1990）は、「ケーススタディーは、読者をそのケースの状況、その人物の生活、その集団の生活、そのプログラムでの生活に連れていくべきだ」（p. 387）と述べています。十分に豊かな記述によって、研究対象について全く知らなかった読者も、それを研究者の目を通して理解することができます。また、似たような経験のある読者は自分たちの状況にそのケースとの共通点がどのくらいあるのか理解でき、ケーススタディーの結果をどの程度自身の状況に当てはめられるかがわかります。それは読者がそれまで知らなかった事象の関係性や影響を与える重要な点を発見することにつながります。

　ケースの記述の手順は、多くの場合データ分析と連動したものになります。ケースについて記述することで、関係する新たな諸要素を見つけたり、諸要素の関連性に気づいたりすることができるため、分析と記述は同時に進むのです。また、時には、ケースの記述を行った後でデータが足りないことに気づき、さらにデータを収集することもあります。つまり、図2に示すように、データ収集と分析、記述は「データ収集→分析→結果の記述」という一方向の流れで進むのではなく、相互作用的なプロセスなのです。

図2｜データの収集・分析・記述

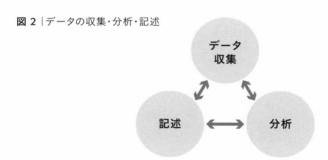

　私の場合も、ケースを記述する過程で、つじつまが合わないところに気づいたり、さらなる疑問が浮かんだりしてデータに立ち返ったことが何度もあ

ります。記述する段階でどうしてもよく理解できないところがあることに気づき、後から協力者にさらに確認する（追加のデータを収集する）こともありました。また、記述したものを研究仲間に読んでもらい、すんなりと理解できないところを指摘してもらうことにより、ケースへの理解がさらに深まりました。これらの作業は、整理した他の種類のデータを常に参照しながら、すべてのデータを絶えず行きつ戻りつしながら行いました。そして、ケースの記述がひと通り終わったところで、協力者にそれを読んでいただきました。

　また、ケースの最終産物は、その目的がケースの記述なのか、それともその記述によって何かを説明したりなんらかの理論を生成するものなのかによっても異なるものになります。さらに、ケースをどのような構成で書くのか、どの程度エピソードを入れるか、引用はどのように織り交ぜるか、研究者自身の相互行為についてどの程度書くかなどを決めなければなりません。

　以下は、タンデム学習の学習場面の記述を目的として私が修士論文で書いた日本語学習者Patさん（仮名）と英語学習者Masさん（仮名）のケース内分析の学習活動に関する記述（導入部分）からの抜粋です。

　　PatさんとMasさんは2008年11月10日から2009年3月19日までの期間に14回のタンデム学習を行った。初回はガイダンスを行ったのと同じカフェテリアの一角で行うことにした。2人とも研究室にこもって研究をしていることが多かったので、その合間にタンデム学習をするためには、その場所は2人の研究室から近く、都合の良い場所だった。そのカフェテリアはガラス張りの清潔な感じのする建物だ。お昼時になると昼食に来る人で込み合うがそのほかの時間帯は比較的人が少ない。おまけにセルフサービスで無料のお茶も飲むことができる。そのような理由でそのカフェテリアで学習を行うことに決めた。しかし、1回目のタンデム学習のとき、そのカフェテリアには、11月にも関わらずクリスマスの音楽が流れていた。その音はうるさかったというわけではないが、タンデム学習をするのには相手の声が聞き取りづらく、PatさんはよくMasさんの声が聞こえなくて何度も「もう一度言ってください」と聞き返さなければならなかった。そんなわけで2回目からは近くの留学生センターの一角の

休憩スペースに場所を変更することにした。

（脇坂 2010：43）

　「タンデム学習」は新しい学習形態であり、私は読者がそれについての知識を全く持たないことを想定し、それぞれのペアのタンデム学習の様子が具体的に読者に伝わるように気をつけて記述しました。

　一方、説明的なケーススタディーでは単なるケースの記述だけではなく、何らかの概念を用いて、リサーチクエスチョンの答えを説明します。以下は、博士論文で行なったEタンデムのケーススタディーのドイツ人日本語学習者Leaさん（仮名）と日本人ドイツ語学習者Aさん（仮名）のケース内分析のまとめからの抜粋です。

　　ケースⅢのLeaさんとAさんは、決められた期間の後、AさんがLeaさんからの連絡に応じなくなり、Eタンデムは続かなかった。AさんがLeaさんからの連絡に応じなくなったのは、訂正活動の複雑さによる負担と、「教える－教えられる」という役割関係が構築されたことによってLeaさんから投げかけられた多くの質問に答えなければならないという負担、そして、Leaさんとの共通の話題について書きたかった一方で、週ごとのテーマが設定されていたことによって週を追うごとに書くべき内容が増えるという負担、の3つの負担を感じたことが原因だったのではないかということがわかった。

（脇坂 2014：293）

　ここでは、リサーチクエスチョンの1つである、「Eタンデムが続かなかったのはなぜか」に対する答えとして、3つの負担という概念を挙げてその理由を説明しています。

8.4　おわりに

　以上、ケーススタディーという研究方法を私の経験を織り交ぜながら説明し

ました。紹介した2つのケーススタディーは単なる一例にすぎませんが、本章が読者の皆さんが今後、ケーススタディーを使った研究をされる際に少しでも参考になれば幸いです。

　言語教育分野でケーススタディーを行うことの一番の強みは、さまざまなデータから、学習者や教師、プログラムなどを特定の文脈や状況の中で深く理解ができることだと思います。ケーススタディーの豊かな記述によって、それらに対してまったく経験や背景知識がない人にもケースの特性や複雑さを伝えたり、新たな着想を与えたりすることができます。とくに、自分とは異なる背景、学習環境が異なる学習者や教師の経験を理解したり、自分が今まで体験したことのない環境や方法での学習がどのようなものなのかを、研究者の目を通して深く理解することができるのは言語教育におけるケーススタディーの魅力ではないでしょうか。

　タンデム学習という学習方法はこの10年で徐々に日本語教育に関わる人にも知られるようになってきていますが、実際に体験したことがある人はまだ少ないだろうと思います。私はケーススタディーで、このような人々にタンデム学習とはどのようなものかを追体験する形で伝えることにより、タンデム学習に対する理解を深め、異なる場面で行われる際にも役立つ形で提示し、日本語教育分野におけるタンデム学習の可能性を広げたかったのです。

（脇坂真彩子）

参 考 文 献

青木直子（2005）「自律学習」日本語教育学会編『新版日本語教育事典』pp.773–775. 大修館書店

伊藤匡（2007）「発達研究におけるケーススタディ―歴史・理論・実践」秋田喜代美・能智正博監修　遠藤利彦・坂上裕子編（2007）『はじめての質的研究法―生涯発達編』pp.102–138. 東京図書

イン、ロバートK. 近藤公彦訳（1996）『ケース・スタディの方法（第2版）』千倉書房.（Yin, Robert K. (1994) *Case Study Research: Design and Methods (2nd ed.).* Thousand Oaks, CA: Sage.）

ウィリッグ、カーラ　上淵寿・小松孝至・大家まゆみ訳（2003）『心理学のための質的研究入門―創造的な探求に向けて』培風館（Willig, Carla. (2001) *Introducing Qualitative Research in Psychology: Adventures in Theory and Method*. Buckingham, UK: Open University Press.）

ギアツ、クリフォード　吉田禎吾・柳川啓一・中牧弘允・板橋作美訳（1973）『文化の解釈学 I』岩波現代選書（Geertz, Clifford. (1973) *The Interpretation of Cultures: Selected Essays*. New York, NY: Basic Books.）

ステイク、ロバート E.（2006）「事例研究」デンジン、ノーマン K.・リンカン、イヴォンナ S. 編　平山満義監訳　藤原顕編訳『質的研究ハンドブック2巻―質的研究の設計と戦略』pp.101–120. 北大路書房（Stake, Robert E. (2000) Case Studies. In Norman K. Denzin and Yvonna S. Lincoln (eds.), *Handbook of Qualitative Research*. pp.435–453. Thousand Oaks, CA: Sage.）

フリック、ウヴェ　小田博志・山本則子・春日常・宮地尚子訳（2011）『新版　質的研究入門―〈人間の科学〉のための方法論』春秋社（Flick, Uwe. (2007) Qualitative Sozialforschung. Reinbek, Germany: Rowohlt Verlag.）

メリアム、シャラン B.　堀薫夫・久保真人・成島美弥訳（2004）『質的調査法入門―教育における調査法とケース・スタディ』ミネルヴァ書房（Merriam, Sharan B. (1998) *Qualitative Research and Case Study Applications in Education*. San Francisco, CA: Jossey-Bass.）

メリアム、シャラン B.・シンプソン、エドウィン L.　堀薫夫監訳（2010）『調査研究法ガイドブック―教育における調査のデザインと実施・報告』ミネルヴァ書房（Merriam, Sharan B. and Edwin Simpson L. (2000) *A Guide to Research for Educators and Trainers of Adults (2nd ed.)*. Malabar, FL: Krieger Publishing Company.）

盛山和夫（2004）『社会調査法入門』有斐閣ブックス

脇坂真彩子（2010）『日本においてのタンデム学習の意義―理論的背景とケーススタディー』大阪大学大学院文学研究科修士論文

脇坂真彩子（2014）『Eタンデムにおける動機づけのメカニズム―日本語学習者とドイツ語学習者のケーススタディー』大阪大学大学院文学研究科博士論文

Appel, Christine and Tony Mullen. (2000) Pedagogical Considerations for a Web-based Tandem Language Learning Environment. *Computers & Education*, 34: pp.291–308.

Brammerts, Helmut. (2005) Autonomes Sprachenlernen im Tandem: Entwicklung eines Konzepts. In Helmut Brammerts, and Karin Kleppin (eds.), *Selbstgesteuertes Sprachenlernen imTandem (Ein handbuch 2. Auflage)*, pp.9–16. Tübingen, Germany: Stauffenburg.

Creswell, John W. (2007) *Qualitative Inquiry and Research Design: Choosing Among Five Approaches.* Thousand Oaks, CA: Sage.

Duff, Patricia A. (2008) *Case Study Research in Applied Linguistics.* New York, NY: Routledge.

Little, David and Helmut Brammerts. (eds.) (1996) *A Guide to Language Learning in Tandem via the Internet.* CLCS Occasional Paper, no. 46. Dublin, Ireland: Trinity College, Center for Language and Communication Studies.

Merriam, Sharan B. (1988) *Case Study Research in Education: A Qualitative Approach.* San Francisco, CA: Jossey-Bass.

Merriam, Sharan B. (2009) *Qualitative Research: A Guide to Design and Implementation.* San Francisco, CA: Jossey-Bass.

Miles, Matthew B. and Michael Huberman A. (1994) *Qualitative Data Analysis: An Expanded Sourcebook.* (2nd ed.) Thousand Oaks, CA: Sage.

Patton, Michael Q. (1990) *Qualitative Evaluation Methods.* (2nd ed.) Thousand Oaks, Calif: Sage.

Stake, Robert E. (1995) *The Art of Case Study.* Thousand Oaks, CA: Sage.

Stake, Robert E. (2005) Qualitative Case Studies. In Norman K. Denzin and Yvonna S. Lincoln (Eds.), *Handbook of qualitative research* (3rd ed.), pp.443–466. Thousand Oaks, CA: Sage.

Stake, Robert E. (2006) *Multiple Case Analysis.* New York, NY: The Guilford Press.

Tian, Jianqiu and Yuping Wang. (2010) Taking Language Learning Outside the Classroom: Learners' Perspectives of eTandem Learning via Skype. *Innovation in Language Learning and Teaching,* 4 (3): pp.181–197.

Ushioda, Emma. (2000) Tandem Language Learning via e-mail: From Motivation to Autonomy. *ReCALL,* 12 (2): pp.121–128.

Yin, Robert K. (2014) *Case Study Research: Design and Methods (5nd ed.).* Thousand Oaks, CA: Sage.

....

注

i——ケースメソッドとは、実際に起きたケースの主な要素をもとにした事例を提示し、その問題を分析し、ディスカッションすることを通して、実践的な問題処理能力を養うための教育手法。

ii——ケースワークとは困難な問題をかかえた個人・家庭を、正常な状態に戻すため

に個々の事例ごとに支援・援助するソーシャルワーク。

iii——ケースヒストリーとは、特定の個人や集団などの過去の経過や環境など振り返るための詳しい記録。医学やソーシャルワークの領域ではケースレコードとも呼ばれる。

iv——「厚い記述（thick description）」とは文化人類学者クリフォード・ギアツ（Geertz 1973）の用語で、調査している出来事や実態の文脈を含めた全体にわたる記述を意味する。

外国語の質的データの翻訳

　質的研究において、研究協力者の「生の言葉」が引用されるのはその特徴の１つです。ここで言う「生の言葉」とは、インタビューデータや日記など、研究協力者の生の声を指しています。しかし、研究者は必ずしも自分の母国語で質的データを収集できるとは限りません。特に外国語教育においては、研究者と異なる国の出身の学習者や教師などを対象とする研究が数多く存在しています。そのため、質的研究におけるデータの引用にも、外国語のデータがよく見かけられます。本コラムでは、質的データにおいて外国語のデータがどのように翻訳されるかについて検討したいと思います。

　データの翻訳は質的データの引用の過程の一環であるため、質的データを提示する役割をまず明確にしておきましょう。質的データを提示する機能として、次の２点が挙げられます。第一に、より具体的な例を挙げ、研究者が強調したい解釈や主張などの根拠を提供すること、第二に、引用された研究協力者の考え、意味付けあるいは感情を示すことによって読者に研究報告への反応を引き起こすことです。これらの２つの機能を果たさせるために、質的データを翻訳する際には以下の３点を考慮する必要があるだろうと考えられます。

　まず、研究者が強調したい点の根拠を提供する機能を働かせるには、引用されたデータの真実性が最も大切なものです。したがって、質的データの翻訳の基本的な原則は研究協力者が伝えたい内容を忠実に翻訳することだと考えられます。場合によって、抜粋１で示しているように、言葉使用の正確性を問わず、研究協力者が使った言葉をそのまま引用するのも方法の１つです。

抜粋 1

B：[前略] 我那个时候刚学完一年〔日语〕我是非常非常想跟伊藤老师〔日语外教〕用日语对话的 但是我是なかなか ことばが だせない ぜんぜんだせない 然后就非常尴尬 就只能说わかりました わかりました はいそうです むりです然后就只能说一些很简单的话（[前略] その時、〔日本語を〕勉強してちょうど 1 年間でした。日本人の伊藤先生と日本語で話してみたい気持ちはすごく強かったんですが、なかなかことばが出せない、ぜんぜん出せなかったんです。結局、気まずくなっちゃって、「わかりました、わかりました、はいそうです、むりです」のようなすごく簡単なことしか話せませんでした。）(B01_412)

　次に、研究論文のスタイルと、データの訳文のスタイルを使い分ける必要があります。質的研究では、研究協力者の語りなどの生データを引用し、それによって研究協力者の考えや気持ちなどを示すことはよくあります。質的データのスタイルは、引用内容における語りの場面、人物関係、人物の感情などによって決められます。そこで、データの訳文も、生のデータのスタイルに忠実にしなければなりません。例えば、抜粋 2 は中国の日本語学科の大学生Fさんが「日语角」（日本語コーナー）への参加の経験を語った場面の訳文です。この訳文では、研究論文で使われる書き言葉と違い、話し言葉が使われれています。

抜粋 2

F：那个时候〔大一的时候〕我去了一次日语角 那个时候不会说日语（その時に〔1 年生の時〕日语角に 1 回行ってみました。でも、その時、日本語が話せなくて。）

X：很正常（普通はそうですね。）

F：但是就自己去了 就有兴趣就跑去了 那个时候感觉就是 日语怎么办啊（それにもかかわらず、1 人で行きました。興味を持っていたから行きました。そして、日本語、どうしようというふうに思ったんですよね。）

X：日语怎么办啊（日本語、どうしようって？）

F：对啊 怎么办啊 觉得根本就不懂啊 你会发现一个日本人 一圈中国人 中国人好多日本人好少 估计没有你说话的机会 然后就觉得好失落啊 不干了！我就再也没去过了（そう。どうしたらいいかなって。全然分からないと思ったから。しかも、日本人 1 人にたくさんの中国人ということに気が付いて。中国人がたくさんいるのに対して日本人はすごく少なかったんです。話せるチャンスもないだろうと思ってがっかりしました。もう行きたくないって思って、それから行ったことはありません。）（F01_374-378）

　さらに、どれだけ外国語のデータを忠実に翻訳しようと工夫しても、両言語における言語使用や言葉の背後に潜んでいる異文化に影響されているため、完璧に翻訳するのはなかなか難しいです。そこで、研究協力者の生の声をそのまま記述することと、ある程度修正を加えることとの間で、研究者がある程度妥協しなければならない時があります。その際に、データの訳文で表している研究協力者の経験が読者に理解できるか、訳文と研究者がそのデータを引用する目的と合致しているか、さらに訳文は研究協力者が誤解されたりするような不利をもたらさないか、という 3 点を丁寧に考えたほうがよいでしょう。

　最後に、データの訳文の正確性を高めるために、両言語が堪能な人に添削してもらいましょう。ただし、添削者が自分なりの言語使用の習慣を持っているため、添削後の訳文が研究協力者の言語使用の習慣に合うかどうかについては、研究者が意識を持って最終確認をする必要があると思われます。

（欧麗賢）

索引

執筆者紹介

八木真奈美 ❖ やぎまなみ

駿河台大学教授 「移住者の語りに見られる「経験の移動」が示唆するもの―Agencyという観点から」 川上郁雄・三宅和子・岩崎典子編『移動とことば』（2018）くろしお出版 pp.171–189

中井好男 ❖ なかいよしお

大阪大学特任助教 「ことばの市民として日本で生きる韓国人女性の生の物語―レジリエンスと行為主体性を生成する言語文化教育へ」『言語文化教育研究』17、（2019）pp.277–299

中山亜紀子 ❖ なかやまあきこ

広島大学准教授 『「日本語を話す私」と自分らしさ―韓国人留学生のライフストーリー』（2016）ココ出版

李暁博 りぎょうはく

深圳大学准教授 「中国における質的研究の倫理課題」伊藤哲司・呉宣児・沖潮満里子編『アジアの質的心理学―日韓中台越クロストーク』（2018）ナカニシヤ出版 pp.96–102

嶋本圭子 しまもとけいこ

相愛大学非常勤講師 「中国人就学生が語る日本での経験―日本語学校における「問題」を理解するために」大阪大学大学院文学研究科文化表現論日本語学専攻 博士前期課程修士論文（2004）

Lokugamage Samanthika　ろくがまげ　さまんてぃか

Bhasha the Lingo Hub, Lecturer「初級クラスにおける媒介語の使用とやり取りの構造―日本語を第2言語とするスリランカの日本語教師の考え方と授業実践―」『阪大日本語研究』20、（2008）pp.167–195

瀬尾悠希子　せおゆきこ

東京大学講師　『多様化する子どもに向き合う教師たち―継承語教育・補習授業校におけるライフストーリー研究』（2020）春風社

大河内瞳　おおかわちひとみ

大阪樟蔭女子大学講師　「Professional learning communityにおける教師の学び―タイの大学で教える日本語教師のケース・スタディ」『阪大日本語研究』27、（2015）pp.195–221

脇坂真彩子　わきさかまさこ

九州大学准教授　Face–to–face tandem and etandem: Differences that influence the maintenance of tandem learning activities. *REVISTA DO GEL* 15–3、（2018）pp.42–57

欧麗賢　おうれいけん

広州大学講師　「日本語学習者がインターネット上のリソースを教室外の学習に利用し始めるメカニズム―修正版グラウンデッド・セオリー・アプローチ（M–GTA）による理論構築」『阪大日本語研究』28、（2016）pp.77–108

（執筆順　◆は編者）

質的言語教育研究を考えよう
リフレクシブに他者と自己を理解するために

Doing Qualitative Research in Language Education: Others, self and reflexivity
Edited by YAGI Manami, NAKAYAMA Akiko, NAKAI Yoshio

発行	2021 年 10 月 22 日　初版 1 刷

定価	2200 円＋税
編者	◎ 八木真奈美・中山亜紀子・中井好男
発行者	松本功
ブックデザイン	三好誠（ジャンボスペシャル）
印刷・製本所	株式会社 シナノ
発行所	株式会社 ひつじ書房
	〒 112-0011　東京都文京区千石 2-1-2　大和ビル 2 階
	Tel. 03-5319-4916　Fax. 03-5319-4917
	郵便振替 00120-8-142852
	toiawase@hituzi.co.jp　https://www.hituzi.co.jp/

ISBN 978-4-8234-1042-0